Triângulo rosa

| CIP-BRASIL. CATALOGAÇÃO NA PUBLICAÇÃO |
| SINDICATO NACIONAL DOS EDITORES DE LIVROS, RJ |

S425t
2. ed.

Schwab, Jean-Luc
    Triângulo rosa : um homossexual no campo de concentração nazista / Jean-Luc Schwab, Rudolf Brazda ; tradução Angela Cristina Salgueiro Marques. - [2. rev. ampl.]. - São Paulo : Mescla, 2023.
    188 p. : il. ; 21 cm.

    Tradução de: Itinéraire d'un triangle rose
    Inclui bibliografia
    ISBN 9788588641266

    1. Brazda, Rudolf, 1913-2011. 2. Homossexuais masculinos - França - Biografia. 3. Homossexuais - Perseguição nazista. 4. Guerra Mundial, 1939-1945 - Prisioneiros e prisões alemãs. I. Brazda, Rudolf. II. Marques, Angela Cristina Salgueiro. III. Título.

23-85392   CDD: 920.93067662
                           CDU: 929-055.34(44)

Gabriela Faray Ferreira Lopes - Bibliotecária - CRB-7/6643

www.edgls.com.br

Compre em lugar de fotocopiar.
Cada real que você dá por um livro recompensa seus autores
e os convida a produzir mais sobre o tema;
incentiva seus editores a encomendar, traduzir e publicar
outras obras sobre o assunto;
e paga aos livreiros por estocar e levar até você livros
para a sua informação e o seu entretenimento.
Cada real que você dá pela fotocópia não autorizada de um livro
financia o crime
e ajuda a matar a produção intelectual de seu país.

Jean-Luc Schwab
Rudolf Brazda

Triângulo rosa

Um homossexual no campo
de concentração nazista

Do original em língua francesa
ITINÉRAIRE D'UN TRIANGLE ROSE
Copyright © 2012, 2023 by Jean-Luc Schwab
Direitos desta tradução reservados por Summus Editorial

Editora executiva: **Soraia Bini Cury**
Tradução: **Angela Cristina Salgueiro Marques**
Revisão da tradução: **Carlos Silveira Mendes Rosa**
Capa: **Acqua Studio Gráfico, com base em imagem real de um uniforme utilizado por um triângulo-rosa**
Imagem da capa: **Jarek Tuszynski/Wikimedia Commons**
Projeto gráfico e diagramação: **Acqua Studio Gráfico**

Mescla Editorial
Departamento editorial
Rua Itapicuru, 613 – 7º andar
05006-000 – São Paulo – SP
Fone: (11) 3872-3322
http://www.mescla.com.br
e-mail: mescla@mescla.com.br

Atendimento ao consumidor
Summus Editorial
Fone: (11) 3865-9890

Vendas por atacado
Fone: (11) 3873-8638
e-mail: vendas@summus.com.br

Impresso no Brasil

Agradecimentos

O AUTOR, JEAN-LUC SCHWAB, sente-se em dívida com as seguintes pessoas, sem as quais este livro não teria sido possível:
Leslie Varenne e Hervé Hirigoyen, pelo encorajamento e pelos preciosos conselhos.

Pelos esclarecimentos sobre a vida de seus parentes
Petra Brazda, Brigitte Petit e
Elvira Jamrath, as sobrinhas de Rudolf;
Gabrièle Rusch, filha de Fernand;
Wolfgang Wilms, filho de Gustav;
Nicolas Mayer, sobrinho de Edi.

Pela ajuda em minhas pesquisas
Steffi Müller, dos Arquivos Municipais de Meuselwitz (Alemanha).
Os funcionários dos Arquivos de Estado da Turíngia, em Altenburg (Alemanha).
Ivo Kadlec e os funcionários dos Arquivos de Pilsen no depósito de Kláŝter-Nepomuk (República Tcheca), por sua grande disponibilidade em ajudar.
Sabine Stein e, muito particularmente, Wolfgang Röll, do Memorial de Buchenwald (Alemanha), por suas explicações sobre a vida no campo de concentração e a condição dos homossexuais.
Elke Helmentag, arquivista do Serviço Internacional de Pesquisas de Bad Arolsen (Alemanha), e seu diretor, Udo Jost, pela acolhida e ajuda nas consultas.

Floréal Barrier, deportado para Buchenwald em 1943, presidente do Conselho dos Antigos Detentos, pelos comentários e explicações sobre a vida no campo de concentração e sobre a libertação.

Joseph Dama, banato emigrado da ex-Iugoslávia, pela contribuição sobre o êxodo das pessoas do Banato.

Dominique Durand, presidente da Associação Francesa Buchenwald Dora e Kommandos.

Yves Lescure, diretor da Fundação pela Memória da Deportação (FMD).

Meus mais sinceros agradecimentos vão também para todos aqueles que, perto ou longe, me ajudaram com encorajamento, releitura das provas, elementos complementares para a redação desta obra, ou ainda de modo prático:

Olivier Blum, Éric Sternhac, Philippe Couillet e os membros da Associação "Esquecido(a)s" da Memória – entidade civil homossexual pelo dever de memória;

François Riss, John Winbigler, Arlene Hasselbach, François Baur;

Arnaud Boulligny e a equipe da FMD de Caen, Régis Schlagdenhauffen-Maïka, Éric Hilsz, Raymond Beinert, Günter Grau;

Danièle Jacob, Emmanuel Janski, Jaromir Boháč, Marcela Halmova, Charles e Arlette Zurlinden, Lutz e Doris Merkel, assim como Richard Kirker, Marc Steiner, Corinne de Clercq, Nordine Chouf, Lutz van Dijk e Michael Cashman.

Uma menção especial a Charlotte François, por sua contribuição substancial na coleta de várias passagens da primeira edição.

Enfim, pela prova de confiança, um muito obrigado a Marie-José Chombart de Lauwe, que fez a gentileza de prefaciar esta obra e, claro, a Rudolf Brazda, por todas as horas que passei em sua companhia conversando sobre o passado e o presente.

Sumário

Prefácio, 9

Apresentação, 11

Introdução, 15

Parte 1
1. Infância e adolescência, 19
2. Os anos de liberdade e despreocupação, 23
3. O horizonte escurece, 29
4. Fernand, 35

Parte 2
1. A primeira condenação, 39
2. O exílio, 51
3. A vida de boêmio, 53
4. Fernand, 57

Parte 3
1. A investigação preliminar, 73
2. A intimação da Kripo, 83
3. Eger, 91
4. O segundo processo, 99

Parte 4
1. Campo de concentração de Buchenwald –
   8 de agosto de 1942, 105
2. Matrícula 7952 – triângulo rosa, 111
3. A pedreira, 115
4. O telhador, 121
5. Grandezas e desgraças do gênero humano, 127
6. A sexualidade no campo, 133

Parte 5
1. O vento muda de direção, 139
2. A libertação, 145
3. A caminho da França, 151

Parte 6
1. A vida após a libertação, 159
2. Edi, 163
3. As lembranças hoje, 169

Epílogo, 175
Posfácio, 179
Bibliografia resumida, 191
Glossário de termos alemães, 193

Prefácio

A BIOGRAFIA DE RUDOLF BRAZDA chega em boa hora. Ela propõe uma abordagem esclarecedora do fenômeno dos campos de concentração e convida a uma reflexão crítica sobre a sociedade contemporânea, a qual se inscreve na pedagogia da memória almejada pela Fundação pela Memória da Deportação.

Na verdade, várias posturas são possíveis diante da problemática da memória da deportação. A primeira consiste em postular que essa memória se impõe por dever, condenando-nos a adotar uma atitude de prostração e de temor diante dos caminhos impenetráveis do mal ou nos deixarmos prisioneiros de nossa emoção única. Ela não resultaria, então, nem na aquisição de conhecimentos nem sobretudo em qualquer compreensão ou interpretação dos fatos.

Além disso, a história do nacional-socialismo se inscreve como o negativo da noção de estado de direito. Quanto mais penetramos na criminalidade nazista, mais nos conscientizamos de estar diante de um antimodelo, uma espécie de "buraco negro" onde tudo desaparece. Torna-se grande, assim, o risco de perder irremediavelmente a confiança no mundo. Esse caminho conduz à desesperança e, portanto, ao impasse.

Outro caminho parece possível. Consiste não mais em uma imersão ritual na história mortífera desse passado, mas em servir-se dessa história para fazer uma leitura crítica do presente.

O que aconteceu em tal período é testemunho de um prejuízo infinito para a esfera de solidariedade entre tudo aquilo que tenha uma face humana. Nesse desencadeamento extremo de elementos contrários às tradições do pensamento e ao funcionamento normal das sociedades, colocou-se de repente a questão da norma das relações sociais. A fronteira entre normalidade e anormalidade viu-se abolida. A diversidade da espécie humana tornou-se fator de incômodo. A consciência individual dissolveu-se no coletivo; a burocracia ambiente elevou o desprezo a norma de relacionamento, a irresponsabilidade a norma de consciência, a força a norma de ação e o crime a norma de saúde social e racial.

O conhecimento que temos dessas inversões afeta as regras comportamentais da sociedade? Será que o retorno ao presente e a apropriação do passado, aos quais nos convida a história, nos questionam sobre a relação entre normalidade e anormalidade que se pretende critério de avaliação social?

A aceitação do outro com sua diferença incorpora-se ao campo da reflexão prospectiva sobre as relações de oposição e de cumplicidade entre o que é normal e o que não é.

A perseguição aos homossexuais pelo regime nacional-socialista é uma chave de acesso à análise crítica do presente e das normas comportamentais que o caracterizam. Ela não é, nem de longe, a única, e aqui pensamos naturalmente em todos os tipos de "rejeição" cultural, "racial" ou física.

O rigoroso trabalho biográfico que Jean-Luc Schwab nos entrega deve ser lido sempre com essa questão em mente. Ele é uma ocasião para lembrar também que a banalidade do mal, que esteve no âmago da criminalidade nazista, não significa que o mal seja banal, mas que o banal pode ser a fonte do mal em qualquer sociedade civilizada. Se a imersão nessa história singular e atípica permitir que se vá fundo nessa conscientização, esta obra terá cumprido seu papel.

MARIE-JOSÉ CHOMBART DE LAUWE
Presidente da Fundação pela Memória da Deportação

Apresentação

FOI UM ARTIGO DO JORNAL *L'Alsace* de 29 de junho de 2008 que pôs fim, na França, ao longo anonimato de Rudolf Brazda, poucos dias depois de seu 95.º aniversário.

Na primeira página, o jornal destacava as informações colhidas na véspera por um correspondente berlinense da AFP. Ele lembrou um "alemão [...] gay e mártir dos nazistas" que vive perto de Mulhouse. Mais adiante, consagrou meia página a esse convidado especial da Parada do Orgulho Gay na capital alemã. Para muitos, a surpresa é grande, pois os últimos sobreviventes conhecidos dos que haviam sido deportados por homossexualidade não estavam mais neste mundo.

Para mim, a existência até então ignorada desse homem, morador de uma localidade próxima, tinha muito mais importância. Quase dois meses antes, eu acabara de aceitar, com alguma resistência, a função de representante regional de uma associação dedicada à divulgação e ao reconhecimento dessa deportação – uma deportação de que não se falava havia muito tempo. Por mais improvável que pareça, surgia de repente a oportunidade de encontrar uma rara testemunha. Além disso, uma testemunha cuja experiência ainda não havia sido contada...

Apesar de nascido e criado na Alemanha, Rudolf nunca adquiriu a cidadania alemã. Claro, ele fala alemão e está impregnado de cultura germânica, mas... Essa precisão, *a priori* sem importância, não implica uma vontade dos franceses de se apropriar dessa história. Contudo, ela se faz necessária pelas confusões que cercaram as primeiras informações referentes a Rudolf. Ela também evidencia os diversos riscos de imprecisão inerentes a um trabalho biográfico.

Apoiar-se unicamente na narrativa oral de uma pessoa é um exercício imprevisível, sobretudo quando acontecimentos históricos lhe servem de pano de fundo. Por isso, para recompor a trajetória de Rudolf da maneira o mais exata possível, recorri a várias centenas de horas de entrevista com diferentes fontes. Também me auxiliaram alguns documentos de época ainda sob sua possessão, o testemunho de outras pessoas que conviveram com ele ou com seus conhecidos e as numerosas pesquisas pessoais em arquivos alemães, tchecos e franceses. A eles foram acrescentadas diversas viagens a esses antigos lugares ligados à vida e ao confinamento de Rudolf, entre as quais duas em companhia dele, em março e novembro de 2009.

Esse trabalho de reconstituição foi para mim um empreendimento emocionante e muito comovente, mas tenho consciência de que não pretende ser exaustivo. Sem dúvida, restam algumas incertezas, pois os documentos de época ou as pessoas capazes de confirmar determinados fatos não existem mais.

Nesse caso, sempre que possível, preferi a dúvida do historiador às afirmações que não puderam ser verificadas. Além disso, decidi omitir o sobrenome das pessoas citadas nos arquivos judiciários, ainda mais quando não foi possível encontrar o paradeiro delas após a guerra. Em certos casos, fiz algumas mudanças nos sobrenomes, que foram assinaladas. Quanto àqueles que cruzaram a vida de Rudolf no campo de concentração de Buchenwald ou depois, não citei seu sobrenome a pedido de seus descendentes ou parentes.

Para manter a simplicidade e tornar a narrativa acessível, também optei por omitir referências sistemáticas ao material de arquivo utilizado. Alguns poderiam me criticar, por isso deixo à disposição os documentos sobre os quais esta obra se baseia. Salvo o respeito ao anonimato e as reservas expressadas por Rudolf, não tenho o menor interesse de omitir informações.

O testemunho de Rudolf Brazda é único sob vários aspectos. Em primeiro lugar, ele constitui uma faceta de uma verdade histórica mais ampla e muito pouco documentada: a deportação por homossexualidade. Depois, ele conta a vida de um grande otimista, cuja capacidade de admiração permaneceu intacta. Suas várias gargalhadas e seu entusiasmo indefectível não podem ser separados de sua surpreendente longevidade. Uma distância e tanto das agruras do passado!

Assim, minha motivação foi apresentar, a partir de suas experiências e sob seu controle – material de apoio –, a narrativa original e fora do comum desse testemunho da história, inserindo-a no contexto da época. A existência de Rudolf se inscreve nas vicissitudes de uma Europa em plena mutação a partir do fim do século XIX. O mesmo se aplica às pessoas em geral desconhecidas que balizaram sua trajetória por episódios históricos e os viveram.

No momento em que terminava de reunir os elementos deste livro, descobri na casa de Rudolf um pequeno medalhão. O objeto se abriu. Dentro dele, a foto de dois homens, um era ele. Assim como o medalhão, este livro se abre também para a vida dos que marcaram a de Rudolf, tendo como tema principal sua extraordinária trajetória.

JEAN-LUC SCHWAB

Introdução

APÓS A BATALHA DE SADOWA, que opôs a Prússia à Áustria em 1866, vemos a afirmação de duas grandes entidades nacionais no centro da Europa. Trata-se de dois impérios, o Austro-Húngaro, constituído em 1867, e o Alemão, formado mais recentemente, em 1871. A criação deste ocorreu depois da derrota, um ano antes, das forças francesas de Napoleão III no Norte da Alsácia e no Mosel[1], diante dos exércitos alemães reunidos pela Prússia.

A história é feita de coincidências perturbadoras, pois será nessas três entidades territoriais – ou naquelas que sucederão a elas depois da Primeira Guerra Mundial – que a vida de Rudolf Brazda seguirá seu curso, agitada ao sabor dos imprevistos históricos e políticos de um continente em plena transformação. Daí a Europa central, que abandona progressivamente seus regimes monárquicos, perder-se em equívocos trágicos que terão um impacto na vida de Rudolf e daqueles que ele conheceu e amou.

Hoje, Rudolf é um nonagenário alerta, cuja vitalidade e alegria de viver nunca deixam de surpreender. Mas foi somente em 2008 que ele se manifestou e testemunhou publicamente a respeito de sua deportação

---

1. Embora a denominação francesa dessa divisão territorial da França seja "la Moselle" (a Mosela, em português de Portugal), usamos neste livro o termo mais empregado no Brasil, o Mosel, nome tanto desse departamento quanto do rio que o atravessa e corre para Luxemburgo e a Alemanha. [N. E.]

por ser homossexual, e ele talvez seja o último sobrevivente desse processo. Rudolf nos oferece aqui, neste primeiro testemunho escrito, a narrativa de uma experiência insólita, que vai muito além do período nazista, e sem dúvida muito determinante em sua trajetória de vida.

parte 1 |||||||||

1

Infância e adolescência

NO FINAL DO SÉCULO XIX, as relações entre as duas grandes potências da Europa central se normalizaram. É nesse contexto político e num panorama de industrialização galopante que nasceram na Boêmia, na região de Plzeň (Pilsen), Emil Adam Brazda e Anna Erneker, pais de Rudolf. A Boêmia fazia parte do Império Austro-Húngaro, e a situação econômica forçava muitas pessoas das classes sociais mais baixas a partir em direção a terras estrangeiras próximas para encontrar trabalho. Foi em meio a esses emigrantes que os pais de Rudolf se conheceram na Saxônia, estado alemão fronteiriço à sua região de origem.

Ambos foram empregados pelo setor da mineração. Emil Adam dirigia a locomotiva que puxava os troles de carvão fóssil, e Anna incumbia-se das tarefas domésticas nos prédios administrativos da mina. Depois de terem morado em um lugar afastado da Saxônia, o casal e seus filhos se mudaram para um alojamento da mineradora, no vilarejo de Brossen, município ligado administrativamente à Saxônia.[2] É lá que nasceu Rudolf, no dia 26 de junho de 1913. Ele é o caçula dos oito filhos, cinco meninas e três meninos, nascidos dessa união. Dezessete anos o separam da primogênita e, na época de seu nascimento, algumas de suas irmãs mais velhas já haviam saído de casa para satisfazer as próprias necessidades e desobrigar os pais.

Rudolf, por sua vez, não tem tempo de conhecer melhor o pai. Em julho de 1914, Emil (chamado de Adam, para não ser confundido com seu

---

2. Em 1973, Brossen, reincorporado a Meuselwitz, volta a pertencer à Turíngia.

primeiro filho), cidadão austro-húngaro, é convocado para se juntar à linha de frente sérvia. Rudolf tem somente um ano. Cinco longos anos se passam até que Adam, capturado pelas forças italianas, possa retornar a Brossen. As razões desse retorno tardio não estão ligadas somente à sua prisão militar[3], como atesta um documento emitido pelo Ministério da Defesa tchecoslovaco no dia 14 de fevereiro de 1925. Os detalhes de suas fichas de serviço mostram que, a partir do dia 25 de outubro de 1918, Adam Brazda teve de cumprir novamente o serviço militar, mas dessa vez por causa do novo Estado da Tchecoslováquia, do qual acabaria se desligando. Esse período de serviço militar soma-se aos dois meses prestados em 1895 no exército imperial e aos anos de guerra junto às tropas da Áustria-Hungria, antes do desmantelamento do império, no final de 1918.

Só em 13 de setembro de 1919 Adam é dispensado do exército tchecoslovaco em Písek, na região Oeste da Boêmia, na qual havia nascido. Ele parte, então, para reencontrar sua família, que ficara na Saxônia. A Alemanha mudou bastante nesse ínterim. O país tornou-se uma república e o imperador Guilherme II havia tomado o caminho do exílio.

Informado da chegada iminente desse pai que ele conhecia muito pouco, Rudolf espera com impaciência seu retorno. Diante do portão de sua residência natal, um lote de granja com um pátio longo que dava para a Dorfstrasse de Brossen, ele não para quieto. Então, chega um homem que passa diante dele sem dizer palavra e se dirige à casa principal, no fundo do pátio. Adam, ausente todos esses anos, não reconhece imediatamente seu filho caçula, que era apenas um recém-nascido quando ele partiu para a guerra... Rudolf cresceu, e todos deveriam reaprender a viver juntos. Alguns meses apenas se passam até a morte de Adam. Rudolf, ainda muito jovem nessa época, só guarda raras lembranças da presença do pai, geralmente emocionantes. A casa é tão pequena para abrigar toda a família que Rudolf dorme na cama dos pais. Ele se lembra destas palavras ditas por seu pai porque, deitado de costas, com os joelhos dobrados para

---

3. Hoje, seu filho tende a atribuir a morte do pai às más condições da prisão, sobretudo à subnutrição enfrentada durante o cativeiro.

simular uma tenda com os lençóis, ele o interpelou amavelmente: "Estique as pernas, senão elas não crescerão nunca!"

Seus pais têm como ponto de honra só falar em alemão com os filhos, pois é essencial que eles se integrem em seu país natal. O tcheco é reservado às conversas entre adultos. Rudolf não desconfia ainda que esse detalhe terá um impacto decisivo em sua trajetória. Depois de ter retomado a atividade na mina de carvão fóssil de Mumsdorf, uma vila vizinha, Adam morre em 21 de janeiro de 1920. A causa da morte varia dependendo das fontes, que relatam consequências de um acidente de trabalho ou de uma pneumonia aguda. O que quer que seja, ele deixa aos cuidados de sua viúva a maioria dos filhos dessa numerosa família.

A mulher de Adam e seus filhos permanecem na casa e vivem modestamente, mas não passam fome. Todos apreciam o almoço do domingo, com o tradicional porco assado acompanhado de repolho e *Knödels*[4] preparados segundo uma receita tradicional da Boêmia. Rudolf aprende alguns rudimentos de culinária e rapidamente adquire certa autonomia quando sua mãe está no trabalho. Exceto isso, nada o distingue das outras crianças de Brossen. Ele frequenta a escola pública e encontra seus colegas para brincar ao longo do Schnauder, o riacho que margeia a cidade ao sul.

Nem sempre é um modelo de menino. Com outros traquinas, ele às vezes rouba as salsichas penduradas no balcão do açougueiro. Ele sai correndo, então, para comê-las escondido à margem do reservatório alimentado pelo riacho. É nesse lugar que, por travessura, ele já empurrou para dentro d'água vários companheiros de brincadeira, às vezes até meninas, que iam em seguida à sua casa para se secar!

Com 14 anos, depois de ter repetido um ano, ele abandona a escola. Uma de suas irmãs o inicia com sucesso na costura e ele tem várias oportunidades de ajudá-la em seus trabalhos. Ele demonstra talento nessa área, o que vai se revelar muito útil anos mais tarde. Mas, naquele momento, ele adoraria se tornar vendedor e decorador em uma loja de confecções masculinas...

---

4. Bolinhos feitos de batatas cozidas, espremidas e temperadas e depois fervidos. [N. E.]

Os anos de liberdade e despreocupação

PODER EXPRESSAR SUA FIBRA criativa e seu conhecimento dos tecidos: é isso que Rudolf deseja ao deixar a escola. Ele adoraria ter um período de aprendizagem em confecção, mas a falta de vagas de trabalho determina a preferência por mão de obra nacional. Ou seja, ainda que nascido na Alemanha, Rudolf é, de um ponto de vista estritamente legal, tchecoslovaco por ascendência. Não há, portanto, nada para ele.

Por isso, ele aceita um posto de aprendiz de telhador na empresa Menzel, em Meuselwitz. A vantagem é uma pequena remuneração. Muito rapidamente seu salário lhe permite comprar uma bicicleta, o que facilita seu descolamento pelos arredores. Ele é consciencioso e passa nas provas escritas e no exame prático realizados em Altenburg, cidade a um 12 quilômetros de sua casa.

Altenburg... Essa cidade terá papel importante em sua vida anos depois, mas no momento é lá que ele é percebido em um café por Horst, jovem loiro forte e alto, muito viril. Por sua vez, Rudolf, que sai da adolescência, não é tão alto. Ele mede pouco mais de um metro e sessenta, tem belos cabelos castanho-claros, meticulosamente ondulados, e um rosto rosado, no qual brilham belos olhos azuis; ele pode parecer um pouquinho afeminado.

As mulheres? Ainda que se entenda às maravilhas com elas, Rudolf sente que sua atração vai em outra direção. Assim, quando Horst dá o primeiro passo, logo acontece um primeiro encontro de caráter sexual. Todavia, tal encontro não leva a um relacionamento e rapidamente os dois jovens se perdem de vista. Mas essa aventura conforta Rudolf com relação à sua identidade sexual. Até então, só haviam acontecido alguns contatos físicos pouco convincentes com mulheres. Elas se apaixonaram, bem contra a vontade dele. Além disso, pouco tempo antes ele se relacionara com a filha de um arborista da cidade. No fundo, não era realmente ela que lhe interessava, mas sim os três fortes moços empregados de seu pai. Rudolf, entretanto, hesita ainda em procurar ativamente a companhia de outros homens "como ele". Ele tem uma imagem bastante negativa da homossexualidade e das práticas sexuais entre homens. Isso se deve sobretudo ao fato de que a crise econômica do final dos anos 1920 obrigava às vezes os operários a se prostituir. Estações, banheiros públicos... Rudolf tem ainda a noção simplista e falsa de que a companhia masculina pode ser comprada por pouco dinheiro por quem se disponha a abrir a carteira.

É nessa época que ele descobre seu talento de dançarino e frequenta assiduamente os salões de baile dos vilarejos próximos, como Zipsendorf ou Ölsen, no Restaurante Rosengarten. Grande cavalheiro, sua companhia é muito solicitada pelas damas. Algumas não hesitam em convidá-lo – à custa delas, portanto –, principalmente quando se oferece um prêmio ao melhor casal de dançarinos da noite.

Essa proximidade com as moças o torna um confidente ideal, e muito rapidamente ele é aceito no seio de seu restrito grupo. Em um belo dia de 1933, em Meuselwitz, são justamente algumas de suas amigas que lhe chamam a atenção para um charmoso jovem cuja bela cabeleira loira se agita ao vento. "Ele é como você", garantem elas, em tom de cumplicidade.

Ele se chama Werner. Dez meses mais novo que Rudolf, nascido em Limbach, perto de Chemnitz, é aprendiz de vendedor na Rockmann, uma loja de roupas masculinas. Naquela noite, Rudolf segue Werner a distância até a casa dele, no número 1 da Weinbergstrasse. Werner ocupa um quarto na casa de Helene Mahrenholz, viúva que aluga os cômodos dos dois andares de sua casa. Rudolf não tem a ousadia de abordar Werner, mas a sorte lhe sorri: uma vizinha bondosa, que Rudolf conhecia de vista em Brossen, conta-lhe que aquele rapaz passa muito de seu tempo livre na piscina, aquela que a mina Phoenix – onde o pai de Rudolf trabalhara – construiu na aldeia de Mumsdorf.

Rudolf vai lá no domingo seguinte. Werner está mesmo na piscina, mas como chamar sua atenção? Sem saber como fazer e à falta de ideias, ele não acha nada melhor do que empurrá-lo para dentro da água! Ao ajudá-lo a sair envergonhado com o roupão ensopado, Rudolf encontra uma primeira oportunidade de conversar com Werner. Ele percebe a farsa de Rudolf, e é amor à primeira vista. Os dois vão à casa de Werner naquela mesma noite. Começa a relação entre eles, e Rudolf se muda para o quarto de Werner alguns meses depois, aproveitando-se do pequeno benefício social que a cidade de Meuselwitz concede às pessoas de baixa renda.

O destino quis que uma das locatárias do andar térreo tivesse um sobrinho homossexual que a visita constantemente. Esse fato não passou despercebido a Werner e Rudolf, que simpatizam rapidamente com o jovem, chamado Hans. Da união entre os amigos de Werner, de sua região natal de Limbach e Chemnitz, e os amigos feitos por meio de Hans, forma-se um animado grupo de pessoas com a mesma orientação sexual. Juntam-se ao grupo Rudi, cuja mãe é conhecida de Helene Mahrenholz, e seu amigo. Para todas essas pessoas, o apartamento de Meuselwitz se transforma em lugar de reunião. O grupo joga cartas, conversa sobre frivolidades e alguns até se vestem de mulher chique. E há Ernst, que assume ares de grande dama para fazer sua entrada no quarto, com uma cigarreira imaginária na mão: "Eis que entra a grande Susanne Gaska", diz ele, fingindo ser uma atriz conhecida e bajulada pelo público. Participam desses encontros algumas amigas lésbicas: Elfriede, garçonete em um restaurante da cidade, e sua amiga que mora em Leipzig. Não muito alta, um pouco rechonchuda, ela não hesita em percorrer os 40 quilômetros que a separam de Elfriede em sua imensa moto barulhenta!

Quanto à senhora Mahrenholz, contra todas as expectativas, sua crença religiosa de testemunha de Jeová convicta não altera em nada o afeto que tem por seus dois locatários. Além disso, ela cede a eles o maior cômodo do primeiro andar para que tenham um quarto de casal onde possam ficar à vontade e convidar os amigos. Werner se encarrega da decoração. Ele arruma o quarto ao gosto deles e transforma uma velha cômoda em penteadeira, repintando-a de verde. A proprietária contenta-se com um quarto menor, no mesmo andar, pois sabe muito bem quais são os laços que unem os dois amigos. E, quando eles recebem visita no domingo, ela não hesita em servir café, bolinhos e sanduíches a todos os jovens.

Surpreendentemente, a família Brazda aceita de bom grado que o caçula não faça parte dos "normais"[5]. Werner e Rudolf até organizam, na casa da senhora Brazda, um "almoço de núpcias", para o qual são convidados todos os irmãos e irmãs de Rudolf, assim como alguns amigos.

No sábado, véspera do grande dia, eles compram as provisões e as deixam na casa da mãe de Rudolf. No cardápio, o que as pessoas simples apreciam de maneira particular: porco assado acompanhado de *Knödels* e repolho-roxo. E, no final da manhã do dia seguinte, enquanto a senhora Brazda termina de se ocupar da cozinha, os primeiros convidados começam a chegar: as irmãs de Rudolf – uma delas, acompanhada do marido –, seus dois irmãos, Werner, Hans... e até seu amigo Kurt, apelidado de "La Ria". Ele vem de Limbach vestido de mulher e paramentado com seus adereços mais lindos.

Um "casamento" em Brossen, na família de Rudolf, ainda que para Werner as coisas não sejam assim tão fáceis. Sua mãe, muito devota, lhe diz um dia: "Continue nesse rumo se você deseja viver inteiramente em pecado! Você deverá prestar contas diante do Senhor!"

Rudolf ainda não havia completado 20 anos e, mesmo sem emprego fixo desde o fim do período de trabalho como aprendiz, para ele a vida parece se anunciar com bons presságios. Como adivinhar, nesse mês de janeiro de 1933, as consequências funestas que terá a chegada dos nazistas ao poder?

---

5. Utilizo aqui a terminologia herdada do período nazista, que o próprio Rudolf usa atualmente ao falar dos heterossexuais.

Para Rudolf, desde o seu encontro com Werner as coisas são simples, e ele está feliz. Durante a semana, ocupa-se da arrumação e limpeza da casa da senhora Mahrenholz: ele limpa as áreas comuns, faz consertos e cultiva um pequeno canteiro onde planta flores e legumes. Também dá um jeito de visitar Werner em seu local de trabalho, na Bahnhofstrasse, não longe da praça do mercado. Essas visitas não causam problema, ainda que o proprietário se mostre intrigado com aquele jovem que chega às vezes na loja trazendo um enorme coração de chocolate para seu empregado.

Nos finais de semana, Rudolf e Werner passeiam de bicicleta com os amigos ou vão de trem a localidades próximas, como Altenburg, Gera, Zeitz e Chemnitz. Berlim se transformara no local mais visado de diversão e distração para os homossexuais de toda a Europa. Mas a cidade fica muito distante e o grupo de amigos prefere Leipzig, aonde podem ir de trem, e especialmente o Café-Restaurante New York, muito frequentado por homossexuais.

Todos os transportes são bons para sair e festejar! Albert, um amigo que é esgrimista profissional e atende pelo apelido de "Gorda Berta", leva às vezes o pessoal na carroceria de seu caminhão. Esse pequeno grupo faz uma grande folia, assobiando e mexendo com os transeuntes, sem medo de chamar a atenção, como em Crimmitschau, onde os moradores assistem à passagem barulhenta dessa pequena trupe em que todos adoram dar nomes femininos aos outros. Rudolf é Inge; Werner é Uschi! Eles estão ainda despreocupados e felizes.

Na mesma época, um documento emitido em 17 de junho de 1935 pelo consulado da Tchecoslováquia em Chemnitz atesta que Rudolf não está apto para o serviço militar. E como poderia? Ainda que fosse tcheco por parte de pais, ele não fala tcheco. De posse desse documento que lhe permitia estar em dia com as autoridades daquela que, em tese, é sua pátria, Rudolf decide ir no ano seguinte, pela primeira vez, à Tchecoslováquia. Acompanhado de Werner, ele passa alguns dias nesse país durante o verão. Como preferiram viajar de bicicleta, eles se levantam na aurora e seguem na direção de Zwickau, cruzam a fronteira em Johanngeorgenstadt e levam então um dia para percorrer os 140 quilômetros que os separam de Karlsbad. Essa cidade é uma estação termal elegante nos Sudetos, província majoritariamente germanófona[6], fazendo fronteira com a Bavária e a Saxônia. Uma clientela internacional refinada adora desfrutar suas águas. Os que querem se curar aproveitam também a beleza do lugar, incrustado no estreito vale de Tepl (agora Teplá, em tcheco), na confluência do rio Eger (agora Ohře), que vem da cidade de mesmo nome. Karlsbad é um lugar surpreendente, e Rudolf e Werner encontram outros homossexuais com uma facilidade desconcertante. Alguns têm pele escura, como Josef, mais conhecido pelo apelido de "São José". Ele deve o apelido à sua curta experiência de seminarista, da qual foi rapidamente desestimulado pelos religiosos, que consideraram suas preocupações mais carnais que espirituais. Fazendo-se passar por um turista rico, Josef, sempre elegante, adora se misturar às pessoas que querem curar-se e percorre altaneiramente as instalações termais, as colunatas e a fonte do Mühlbrunnen. Como esses curistas, ele bebe a água das fontes quentes em um copo de bico de porcelana. Como eles... até que a polícia tcheca o proíba de frequentar esses lugares. Se os boatos são verdadeiros, o fato de que Josef não hesita em usar batom e se maquiar antes de circular por aí parece incomodar!

Dessa viagem cheia de boas lembranças, Werner e Rudolf guardam as dos amigos que lhes enviam cartas ao endereço de Meuselwitz. E as cartas trocadas são sem dúvida a respeito da relação de Inge e Uschi! Ninguém desconfia ainda que essas brincadeirinhas, a princípio sem gravidade, serão fortes elementos de acusação nas investigações e, depois, nos processos a que responderão dentro de pouco tempo. Na verdade, um ano antes o novo regime tornara mais rígida a legislação contra a homossexualidade. Desde então, as denúncias vão de vento em popa.

---

6. Daí se chamar antigamente Boêmia alemã.

O horizonte escurece

NESTE PONTO, É IMPORTANTE relembrar os aspectos legais referentes à homossexualidade na Alemanha na época. Inevitavelmente, somos levados a mencionar o tristemente célebre e incontornável parágrafo 175 (ou § 175, tal como ele frequentemente aparece na grafia administrativa). Sessenta e cinco anos antes, mais precisamente no dia 18 de janeiro de 1871, a Prússia reunia os estados alemães em uma federação durante uma cerimônia majestosa no Palácio de Versalhes, marcando a proclamação do Império Alemão ou II Reich. O novo Estado é dotado de um código penal cujo parágrafo 175 estipula que "luxúria contra o que é natural, realizada entre pessoas do sexo masculino ou entre o homem e o animal, é passível de prisão; pode também acarretar a perda de direitos civis".

A pena de prisão imputada a esse delito continua leve (no mínimo um dia, em vez dos seis meses preconizados nos textos de alguns estados alemães antes da unificação de 1871), mas o prejuízo à reputação da pessoa é dissuasivo.

A partir de 1898, não obtêm êxito as várias tentativas feitas pelo sexólogo Magnus Hirschfeld de revogar o texto com base em uma série de petições – nem têm êxito as tentativas políticas posteriores que visam aplicar às mulheres as mesmas disposições do texto.

Após a Primeira Guerra Mundial, o novo regime nascido das ruínas do II Reich e comumente chamado de República de Weimar tende a se mostrar mais brando na aplicação desse dispositivo legal (exceto nos casos que envolvem adultos e menores). De todo modo, é assim que Rudolf e seus amigos percebem a situação. É tempo de despreocupação, e eles fazem pouco caso do diz que diz. Reina na época um ambiente permissivo que, contudo, não vai durar.

Assim que os nazistas chegam ao poder, em janeiro de 1933, a homossexualidade do chefe da SA[7], Ernst Röhm, é um segredo de polichinelo. Para muitos homossexuais, essa é uma prova de que o novo regime não vai perturbá-los demais. Contudo, após o episódio conhecido como "A Noite das Facas Longas", a homossexualidade de Röhm e também a suposta preparação de um golpe contra o regime nazista são invocados falaciosamente para justificar sua eliminação.

A tentativa de golpe se revela um boato propagado pelos dirigentes do NSDAP[8]. Na verdade, Röhm se tornara o segundo homem forte do regime, depois de Hitler. A SA, que muito contribuiu na tomada do poder pelos nazistas, conta agora com quase quatro milhões de membros, e as divergências criadas pelo ponto de vista de Röhm sobre sua posição como força de defesa nacional irritam os chefes do partido nazista. Röhm é cada vez mais inconveniente, mas por motivos políticos e não por sua sexualidade.

No dia 30 de junho de 1934, a direção do partido decide desfechar um grande golpe ao prender e depois executar sumariamente Röhm e os comandantes da SA. Em discurso feito no dia 13 de julho de 1934, Hitler se justifica sobre esse modo rápido de agir, sem passar pelos tribunais. Ele invoca o perigo em que estava a nação alemã, o qual o incitou, no interesse dela, a ser o juiz supremo do povo alemão.

Em 1935, os termos do parágrafo 175 são reforçados. A reforma, iniciada no final de junho, um ano após o suposto golpe de Röhm, entra em

---

7. A Sturmabteilung (seção de assalto) é desde 1921 a entidade de manutenção da ordem do Partido Nazista (NSDAP). Proscrita após o fracassado golpe de estado planejado por Hitler em novembro de 1923 e novamente permitida em 1926, a SA se transforma, a partir dos anos 1930, em uma organização paramilitar que se poderia equiparar ao Reichswehr, o exército regular alemão, cujo efetivo foi limitado a cem mil homens pelo Tratado de Versalhes.
8. National Sozialistische Deutsche Arbeiterpartei, o Partido Nacional-Socialista de Adolf Hitler.

vigor em 1.º de setembro. A expressão original *Widernatürliche Unzucht* (luxúria contra o que é natural) é substituída simplesmente por *Unzucht* (luxúria). Essa pequena diferença vocabular é, contudo, considerável: a interpretação jurídica da versão original condenava os "atos similares ao coito" – cuja prova era difícil de conseguir. A nova versão tem um campo de aplicação mais extenso, que engloba a masturbação mútua ou o simples contato entre o membro ereto de um homem e qualquer parte do corpo de outro homem. Ou seja, ela condena igualmente as pessoas que estão de comum acordo. Além disso, ao novo texto se acrescenta a seção 175a para o caso de "luxúria com agravantes" (abuso de autoridade, estupro, prostituição masculina ou relações sexuais com menores [pessoas com menos de 21 anos]) e a seção 175b, que diz respeito a zoofilia.

Enfim, é preciso igualmente salientar outro aspecto importante da reforma: são passíveis de pena todos os atos que contrariem "o espírito dessa lei e os bons costumes". Concretamente, isso significa que se dá aos juízes grande liberdade de interpretação. A mera pretensa intenção de induzir à luxúria pode ser suficiente para justificar uma condenação da perspectiva do magistrado. Nesse contexto, não causa surpresa o aumento de acusações levadas aos tribunais, oriundas de denúncias da população. Em todos os casos, impõe-se daí em diante uma pena de prisão. Ela pode durar de três meses, no mínimo, a dez anos, em caso de luxúria com agravantes.[9]

Mas isso ainda não parece bastar. Em discurso feito em 18 de fevereiro de 1937, o *Reichsführer SS* Himmler declara, ao falar sobre a homossexualidade e o suposto número de homossexuais na população, que, "se continuarmos assim, nosso povo corre o risco de ser aniquilado por essa praga". Os homossexuais são considerados indivíduos não reprodutores e, assim, como podem assegurar a perenidade da raça? Por esse discurso, a condenação da homossexualidade não parece mais responder a uma exigência moral, mas sim à necessidade de preservar a raça. Começa então o

---

9. Günter Grau, *Homosexualität in der NS-Zeit*. Frankfurt: Fischer Taschenbuch, 2004, p. 93-96.

cadastramento dos homossexuais na Central do Reich para reprimir a homossexualidade e o aborto em Berlim. De acordo com as estimativas da época[10], em torno de cem mil pessoas foram fichadas na Central. Os arquivos judiciários revelam que isso também ocorreu com Rudolf e seus amigos, depois de presos.

Quando relembra essa época, Rudolf às vezes se pergunta como as coisas poderiam ter sido: "Assim como Kurt e Helmut, meus dois amigos de Chemnitz que visitei após a guerra, Werner e eu teríamos sem dúvida ficado juntos".

Mas o destino decide de outra maneira. No outono de 1936, Werner é convocado para o exército em Naumburg, para prestar o serviço militar. Apesar da distância, e ainda que eles não se vejam com muita frequência, seja na cidade da guarnição, seja em Meuselwitz, ambos mantêm fielmente a relação. No início do ano seguinte, Rudolf, então sem emprego, decide ocupar uma vaga de *Kupferputzer*[11] na cozinha de um grande hotel de Leipzig, o Paulaner Thomasbräu. Empregado como ascensorista, ele recebe do hotel moradia e comida, e divide um quarto no sótão com um colega de trabalho. Quando Rudolf e Werner se encontram em Naumburg no início de abril, os dois amantes não sabem que essa é a última vez que se veem. Em outros lugares da Europa, o ano de 1936 é sinônimo de agitação política e social, sobretudo com a Frente Popular na França, a guerra civil na Espanha e o crescimento do franquismo.

Em Brossen, onde nasceu, região em que as minas empregam muitos operários, entre eles vários estrangeiros, Rudolf bem cedo entra em contato com o movimento comunista. Seu ambiente familiar e social o faz participar primeiro das atividades organizadas na cidade para os mais jovens (excursões, peças de teatro, atividades esportivas etc.) e, depois, das Juventudes Comunistas.

---

10. Esse cadastro provavelmente foi perdido durante os bombardeios de Berlim, no fim da Segunda Guerra Mundial.
11. Literalmente, polidor de utensílios de cobre. Na prática, trata-se essencialmente de lavar pratos ou realizar outras tarefas mal remuneradas.

* * *

Hoje, quando relembra esse período, Rudolf afirma com prazer que foi um "comunista fanático", sem detalhar suas atividades. Ele não nega que, se as coisas tivessem ocorrido de outra maneira, poderia ter seguido para a Espanha. Lá ele teria aumentado o contingente das Brigadas Internacionais – as tropas de militantes que apoiaram os republicanos no esforço de conter o avanço dos nacionalistas. Por quase três anos a partir de 1936, os voluntários estrangeiros chegam à Espanha. São milhares de pessoas de toda a Europa e da América do Norte, instigadas por Stalin e pela Internacional Comunista.

Os franceses, com o acordo tácito do governo de Léon Blum, fornecem o maior contingente nacional. Entre eles está Fernand, um jovem alsaciano de Mulhouse, cujo destino estará intimamente ligado ao de Rudolf alguns anos depois.

Fernand

FERNAND B. NASCEU EM AGOSTO de 1912 em Mulhouse, Alsácia. Mais precisamente, deveríamos dizer Mülhausen im Elsass, pois desde 1871 a Alsácia e o Mosel pertencem à Alemanha. Suas regiões limítrofes, consideradas germânicas, foram incorporadas ao II Reich logo após a derrota das tropas de Napoleão III para as alemãs. A essa expansão do Reich somam-se perdas de guerra significativas cobradas da França, derrotada. No final da Primeira Guerra Mundial, esses territórios e seus habitantes voltam para proteção francesa, enquanto Fernand ainda mal alcançou a idade de ir para a escola. Não conhecemos muita coisa de sua juventude, exceto que, muito cedo, sua simpatia pende para a causa comunista. Com 21 anos, ele é convocado para o serviço militar, o qual cumpre de outubro de 1933 a outubro de 1934, período completado por três semanas de manobras em agosto de 1936.

Um mês antes, estoura a guerra civil na Espanha. Ela contrapõe republicanos (socialistas, comunistas, anarquistas, republicanos laicos) e nacionalistas (direita conservadora, monarquistas e falanges nacionalistas). Essa guerra é o resultado dos problemas que reinam no país desde as eleições legislativas de fevereiro e da formação de um governo de esquerda, enfraquecido no exercício do poder pela instabilidade social e pelos crimes políticos.

Quando o período de manobras termina, Fernand fica sem emprego. Ele não hesita em se alistar nas Brigadas Internacionais. Com outros poucos alsacianos, ele se junta a essas forças de voluntários mobilizadas pela Internacional Comunista para apoiar os republicanos espanhóis.

As forças nacionalistas, lideradas pelo general Franco, contam com o apoio da Itália fascista e da Alemanha nazista. Trata-se de um auxílio militar, mais ou menos oficial, consistindo no envio de tropas e armamentos. No dia 26 de abril de 1937, os aviões da Legião Condor[12] bombardeiam a cidade de Guernica.

Em abril de 1939, a Guerra Civil Espanhola termina com a vitória do lado nacionalista. No balanço final, há inúmeros mortos de ambos os lados, mas há igualmente milhares de republicanos e seus partidários que fogem do país. Muitos encontram refúgio na França.

Fernand voltara para Mulhouse um ano antes. Ele não fala quase nada sobre o que aconteceu na Espanha. Encontrar anotações precisas ou testemunhas oculares que poderiam nos dizer mais sobre a natureza exata de suas atividades nesse país se revela hoje um desafio. Um único documento encontrado na Alemanha, contudo, trata de seu engajamento ao lado dos republicanos de 1936 a 1938.

Por ter combatido os nacionalistas de Franco, ele não poderá voltar ao território espanhol.[13] Além disso e principalmente, seu engajamento nas Brigadas Internacionais faz dele um adversário político para os regimes solidários ao novo poder na Espanha.

---

12. Força de combate alemã, com cerca de seis mil homens, cedida por Hitler a Franco.
13. Tal proibição vigorará até a transição democrática, que só começará após a morte de Franco, em 1975.

parte 2 |||||||||

1

A primeira condenação

OS EFEITOS DO ENDURECIMENTO do parágrafo 175 não demoram a aparecer: as investigações e as perseguições se multiplicam para encontrar homossexuais conhecidos ou presumidos. No começo de 1937, dois amigos de Rudolf e Werner são perseguidos. E esse é somente o começo do "efeito dominó". No centro de seu círculo de amigos, os casos em fase de instrução conduzem à queda sucessiva de quase todos os outros homossexuais. Os policiais pressionam os que já foram presos para deles extorquir nomes e apontar novos suspeitos. Imediatamente se abrem investigações contra toda nova pessoa citada e, portanto, implicada. Muito rápido, investigações distintas apontam na direção de Werner e Rudolf. Este mora agora em Leipzig. Sem dúvida os amigos de sua região natal o informam por carta das questões referentes aos conhecidos comuns, mas ele nem desconfia da gravidade da situação, nem mesmo que é o próximo da lista.

Numa manhã de abril, pouco após as 7 horas, ele é arrancado bruscamente da cama, em sua água-furtada, no quarto andar do hotel em que trabalha há algumas semanas. Por requisição do Ministério Público de Altenburg, a polícia criminal envia dois inspetores para ouvi-lo numa ação de captura de um de seus amigos. E os policiais não desejam apenas saber de seu grau de conhecimento da questão: ele mesmo está sob suspeita de infringir o parágrafo 175. O quarto de Rudolf é vasculhado, assim como seus pertences, mas só algumas cartas e poemas manuscritos são encontrados e confiscados. Assim, os dois funcionários da polícia pedem a Rudolf que os acompanhe à delegacia para dar seu depoimento. Sem outra escolha que não segui-los, Rudolf se deixa levar.

Os policiais explicam-lhe que seu nome e o de Werner foram citados em um caso de homossexualidade que envolve um de seus conhecidos. Rudolf então compreende que a "caça às bruxas" acaba de começar. Em sua primeira declaração escrita, tomada no recinto policial, ele confirma seu estado civil, descreve suas funções no hotel e esclarece que é ariano e não mais segue a religião católica romana[14].

Os policiais tomam nota, mas estão mais interessados na natureza dos vínculos entre ele, Werner e esse famoso amigo acusado. Rudolf decide ser evasivo e negar qualquer laço afetivo com Werner. Ele espera assim proteger seu amante e antigo colocatário sem duvidar que, naquele mesmo momento, Werner já era motivo de investigação paralela.

"Eu morei com o dito Werner [...] na casa da senhora Mahrenholz, na Weinbergstrasse. Cada um tinha seu quarto, e entre eles ficava o da locadora [...].

"Eu o conhecia apenas vagamente antes de me mudar para a Weinbergstrasse [...]. Ele está atualmente na artilharia, em Namburg. Só me escreveu uma pequena carta de sua guarnição, mas eu não a tenho mais. Não guardo por muito tempo minha correspondência."

Ao falar de Rudi, o amigo já incriminado, Rudolf também finge nada saber: "Eu só o conheço de vista. Sua mãe e ele às vezes visitavam a senhora Mahrenholz. Em certas ocasiões, adquirimos o hábito de jogar cartas. Contudo, eu não o conheço melhor do que isso".

Os policiais não parecem dar atenção e enumeram os nomes de outras pessoas. Todos são amigos, mas ainda assim Rudolf afirma somente conhecê-los de vista, e não saber se são homossexuais, assim como ele próprio jamais recebeu visitas masculinas no quarto de Meuselwitz.

---

14. Hoje em dia, qualquer pessoa ainda pode abandonar oficialmente sua filiação religiosa, seja por conveniência pessoal, seja para não pagar um imposto específico que o Estado alemão impõe às confissões reconhecidas.

Nesse momento, os policiais põem sobre a mesa, diante de Rudolf, uma foto em que ele está com cinco de seus amigos, entre eles Rudi e Werner. A foto havia sido tirada durante um passeio de bicicleta a Limbach. Rudolf lembra-se muito bem desse dia: Werner dissera que queria visitar sua mãe e os outros o acompanharam. Diante da prova irrefutável de sua amizade, Rudolf não tem escolha senão confessar que todos se conhecem. E, a pedido dos policiais, ele identifica cada um de seus amigos pelo nome em relação aos números utilizados para discriminá-los na foto.

Rudolf, ao negar logo de início as amizades, pensava estar fazendo certo. Na verdade, ele entende agora que cometeu um erro. Os policiais sabem muito mais do que ele imaginava. Agora só tem uma chance para escapar, que é desmentir a acusação sob a qual ele se encontra na delegacia: sua homossexualidade. Ele termina seu depoimento fazendo uma afirmação que os policiais, perplexos, anotam: "Eu só me sinto atraído sexualmente por mulheres e não tenho nenhuma atração por homens. E, ainda que eu tenha partilhado um quarto com um homem suspeito de ser homossexual, jamais tive relações com ele ou com seus conhecidos. As cartas e poemas encontrados em minha casa foram enviados por pessoas do sexo feminino. Tenho um relacionamento com uma mulher chamada [...], que mora atualmente em Wilhelmshaven".

Mal Rudolf assina seu depoimento e sai da sala, o policial redige seu boletim. No verso do documento recém-assinado pelo suspeito, ele comenta que "Brazda tem a aparência típica dos homossexuais. Por ocasião de seu depoimento, apontamos a ele a falta de veracidade de suas afirmações, mas ele se recusou a mudar de opinião. É impressionante que o acusado tenha o hábito de destruir sua correspondência. Em Leipzig, Brazda ainda não se fez notar como homossexual".

Para o policial, não há dúvida possível. E ele não quer assumir nenhum risco, sobretudo o de ver desaparecer as provas. Com o aval de seu superior, ele obtém a autorização para manter Rudolf detido, sem se esquecer de tirar suas impressões digitais.

Para Rudolf, apenas três horas se passaram da revista feita em seu quarto no hotel e, a partir desse momento, tudo vai se encadear. Logo no dia seguinte ele é apresentado a um juiz de liberdades[15], ao qual mantém seu testemunho e desmente qualquer atividade repreensível. Mesmo assim, é colocado em prisão preventiva devido às fortes suspeitas contra ele. Para o magistrado, a decisão de prendê-lo é duplamente justificada. Suspeitam que ele tenha cometido atos de luxúria com Werner, ainda que ele os negue. E, como os policiais dão a entender, há muitos riscos de que Rudolf se apresse a informar as outras pessoas implicadas daquilo que as espera.

Assim que se decide por sua detenção, Rudolf é imediatamente conduzido a uma cela. Sozinho, trancado na cidade de Leipzig, onde não conhece quase ninguém, ele pede um favor: gostaria de informar sua mãe sobre a situação em que se encontra. Os policiais concordam e, ingenuamente, apesar das circunstâncias, Rudolf escreve uma carta de próprio punho:

Leipzig, 9 de abril de 1937

Querida mamãe,

Devo informá-la de que me aconteceu uma coisa terrível.
Estou sob prisão preventiva no presídio de Leipzig S3, Moltkestrasse, 47. Creio que tenha ligação com o caso de Rudi, pois eles agora querem saber se eu também tive uma relação homossexual com Werner, que morou comigo na casa da senhora Mahrenholz.

Querida mamãe, reze por mim, porque estou infeliz. Não entendo como uma coisa tão terrível pode ter acontecido a uma pessoa honesta.

Por favor, não mostre esta carta aos meus irmãos e irmãs e peça a Anna[16] que não me escreva agora. Eu escreverei para ela assim que me libertarem.

Seu filho agradecido,
Rudolf

---

15. O juiz de liberdades e detenção é aquele que, pela legislação de alguns países europeus, decide pela liberdade ou pela detenção provisória de um acusado. [N. E.]
16. Uma de suas irmãs.

A carta jamais chega ao destino. É lida e confiscada por um investigador. Em uma das margens, na altura da referência a Rudi e Werner, o investigador faz uma marca de caneta vermelha. Para o policial, esses dois nomes citados constituem um indício de prova. Na verdade, os investigadores estão à espera do menor detalhe que possa comprometer Rudolf. Por enquanto, eles sabem que não têm nada muito sólido para confundi-lo. Mas procuram por isso. Assim, num primeiro momento, essa carta abrirá o processo. Diferentemente do que Rudolf esperava com essa mensagem à sua mãe, não o libertaram. Muito pelo contrário.

Sua carta é transmitida ao promotor de Altenburg, que manifesta o desejo de ser informado sobre os avanços da investigação. Como Ruldolf não tem antecedentes criminais, as investigações precisam prosseguir. E outras provas devem ser encontradas, só que dessa vez mais sólidas. Assim, os investigadores se debruçam sobre as cartas encontradas na casa dele. Uma delas, datilografada, endereçada a um certo Fritz e sem data, intriga-os particularmente. Trata-se de uma carta de amor expressando, com enorme lirismo, os sentimentos que incitam o autor a gostar desse jovem Fritz. Rudolf, preso há uma semana, é novamente interrogado e obrigado a fornecer informações sobre o autor da carta. Eis o que ele diz: o autor é uma moça que trabalhou em Meuselwitz como garçonete; ele a conheceu muito brevemente por meio de Elfriede, uma amiga em comum. Logo após a audiência, os policiais informam o promotor de Altenburg, que se apressa a mandar localizar a jovem com as informações obtidas. Ouvida pela polícia da localidade onde reside, a garçonete confirma ser a autora da carta:

"Em 1935, eu me relacionava com um soldado chamado Fritz. Ele sempre me escrevia longas cartas inflamadas da caserna, perto do lago de Constança. Como eu não era muito dotada para lhe responder à altura, um cliente regular do estabelecimento onde eu trabalhava se ofereceu para me datilografar uma carta de amor. Trata-se de um judeu chamado Moïse [...]. Ele me trouxe a carta, que em seguida copiei a tinta, omitindo algumas passagens. Quando, no ano seguinte, trabalhei como garçonete por algum tempo em Meuselwitz, antes de voltar para o restaurante em que trabalhara anteriormente, conheci Elfriede [...]. Como ela não era muito mais hábil do que eu nesse tipo de coisa, dei-lhe essa carta datilografada para que ela também a pudesse utilizar".

A solícita Elfriede, que sem dúvida sabia que essa carta de amor fora primeiramente endereçada a um soldado que prestava o serviço militar, deve ter-se lembrado de seu amigo Rudolf, cujo amante estava na época servindo o exército. É muito provável que tenha sido assim que a carta de amor, que já servira de modelo, acabou entregue a Rudolf.

"Brazda morava em Meuselwitz com um jovem, cujo nome não recordo." Mas da única vez em que ela os viu em seu quarto, eles se beijaram na boca diante das outras pessoas presentes! – continuou a garçonete. "Eu nunca havia visto nada igual, e só fiquei mais cinco minutos na casa deles antes de ir embora com Elfriede! Mas ela os visitava regularmente. Na época, Elfriede me disse que Brazda era homossexual."

Ela termina seu depoimento nos seguintes termos: "Eu não tenho, de maneira alguma, nenhuma relação amorosa[17] nem mesmo de amizade com o judeu Moïse [...], que escreveu essa carta de própria vontade antes de me entregá-la. [...] Além do mais, ele foi proibido pelo proprietário de frequentar o albergue em que trabalho".

O promotor de Altenburg não esperava tanto da "garçonete da carta de amor". Com essa declaração, a homossexualidade de Rudolf não é mais uma dúvida para ele, nem mesmo a de Werner. Até aqui conhecido como simples colocatário de Rudolf, seu nome aparece em outro caso acompanhado pelo Ministério Público de Altenburg. Mas ainda faltam muitas provas materiais, e o promotor certamente não contava que esse elemento decisivo aparecesse tão rápido. Ao mesmo tempo, Rudolf inicia sua terceira semana de prisão preventiva, e também dessa vez será uma carta com um detalhe incriminador que vai selar seu destino.

Na fase de instrução de outro processo, é investigado o último domicílio conhecido de Werner antes de seu alistamento militar. E era justamente o quarto que ele havia dividido com Rudolf na casa da senhora

---

17. As novas leis raciais nazistas não toleravam de modo algum esse tipo de relacionamento.

Mahrenholz. A busca efetuada pela polícia de Meuselwitz, com autorização do prefeito, leva a encontrar alguns objetos pertencentes a Werner: dois cartões-postais, um caderno de notas, um passaporte e uma carta. Esta fora enviada por um amigo homossexual com que ele se encontrou em Karlsbad no ano anterior, durante suas férias na Tchecoslováquia. O envelope traz o nome de Werner, mas a carta é claramente destinada a Rudolf. O autor se espanta com a demora do serviço militar de Werner e brinca ao utilizar os apelidos femininos dos dois amantes.

"Diga-me, meu caro Rudolf, a hora da separação de sua querida Uschi deve ter sido muito dolorosa, não é? [...] Não consigo acreditar que o destino tenha separado a pobre Uschi de seu querido e terno esposo."

O autor, cuja verdadeira identidade aparece no verso do envelope, assina a carta com um nome bem feminino. Os policiais zombam do conteúdo dessa carta em seu relatório. Eles salientam também que, por pura sorte, encontraram o passaporte de Werner na véspera de seu embarque para a Tchecoslováquia. Auxiliados pelas anotações de viagem que acham na caderneta e pelos vistos, os policiais concluem que o único objetivo dessa viagem a Karlsbad é visitar um amigo homossexual. Em consequência, o passaporte é confiscado e enviado de volta às autoridades que o expediram.

Outro ponto importante que aparece na investigação feita na vizinhança: Rudolf e Werner de fato ocupavam o mesmo quarto na casa da senhora Mahrenholz. Para os policiais, essa é a prova irrefutável de uma relação amorosa entre os dois homens. E esse último detalhe é particularmente embaraçoso para Rudolf. De agora em diante, está claro que ele mentiu em seu depoimento inicial, ao fingir que ele e Werner haviam sempre ocupado quartos separados.

Duas semanas depois, em Leipzig, as peças da investigação são apresentadas a Rudolf. Diante dessas provas aflitivas, física e moralmente cansado, ele não se contém e chora de soluçar. E confessa: "Sim, pratiquei masturbação mútua com Werner, e isso aconteceu desde 1934-1935 [...]. Eu percebi rapidamente que, assim como eu, ele amava os homens e é por isso que fui morar com ele. [...] Em janeiro de 1936, ocupamos um só quarto com duas camas. [...] Eu o amava verdadeiramente e fui fiel a ele, não procurando contato sexual com outros homens. [...] Frequentemente nos beijamos diante de nossos conhecidos, e algumas vezes eu o apresentei aos outros como minha mulher".

Também é lembrado o longo passeio de bicicleta até Karlsbad no verão passado, assim como o encontro que tiveram com o autor da carta que permitiu às autoridades desmascará-los. Rudolf confessa igualmente que suas tentativas de relações sexuais com mulheres terminaram sempre em fracasso.

Sem conseguir aguentar a pressão, ele chora ainda mais e termina seu depoimento com as seguintes afirmações: "Eu jamais poderei me relacionar com uma mulher. Aceitarei a pena que me cabe, depois irei para a Tchecoslováquia. Se o amor entre homens deve ser punido assim, prefiro o suicídio à mudança de sexualidade".

Estamos em 5 de maio, e a partir daqui tudo vai se passar muito rápido. O depoimento é transmitido para Altenburg. Assim que o Ministério Público o recebe, Rudolf recebe a acusação de "luxúria" com base no parágrafo 175 e, além disso, o promotor exige a abertura do processo. Ordena-se sua transferência de Leipzig no mesmo dia em que se redige a peça de acusação. Dois dias depois, na manhã de 12 de maio, sob a vigilância de um policial acompanhante, ele é trancado no compartimento carcerário de um trem que sai de Leipzig. Assim que chega é transferido para a prisão situada nos fundos do tribunal. A lembrança do veículo que o transporta e passa pelo grande portal de entrada da penitenciária jamais desaparecerá de sua memória.

Na véspera da sua partida da prisão de Leipzig, um detento o ajuda a preparar rapidamente parte da sua defesa. Mas as anotações não são muito úteis para convencer os juízes. O processo público ocorre em 14 de maio de 1937, às 11 horas. Como os juízes certamente avaliaram que as confissões de Rudolf seriam suficientes, nenhuma testemunha foi convocada à grande câmara penal do tribunal de Altenburg. Não há também nenhum advogado de defesa.

Rudolf é tirado da prisão para se apresentar no tribunal. Ele diz como se chama e ouve repetirem, como na véspera, o motivo da decisão de instaurar um processo contra ele. Um a um os resultados da investigação são enumerados pelos juízes. Rudolf tenta se expressar sobre os fatos apontados contra ele. Mas o que fazer contra um promotor experimentado que argumenta de seu lado e pede oito meses de prisão e o pagamento das custas judiciais?

Antes que os juízes se retirem para deliberar, Rudolf tem pela última vez direito à palavra. Ingenuamente, ele espera se beneficiar de circunstâncias atenuantes alegando que certamente sua homossexualidade é um distúrbio mórbido. Mas é tempo perdido. Pouco depois das 13 horas, o tribunal, sob a presidência do juiz Bauch, retorna para proferir a decisão: o acusado é culpado de luxúria ao relacionar-se com um homem. Ele é condenado a seis meses de prisão e ao pagamento das custas judiciais[18]. O tempo já cumprido na detenção preventiva será descontado da duração da prisão imposta pela sentença.

Rudolf vai voltar para a prisão, mas antes disso o juiz reafirma, em alto e bom som, as motivações do tribunal: "Você foi considerado culpado de um delito punido pelo parágrafo 175. A luxúria entre homens é todo comportamento que seja contrário à moral e acarrete a ação de um no corpo do outro, no caso, a masturbação mútua. Você não pode se escudar em seu instinto mórbido para justificar suas dificuldades de abandonar as práticas sexuais com homens. Só podemos exigir de você um controle melhor de si mesmo. Você, um estrangeiro nascido na Alemanha, deveria ter feito tudo para reprimir esse instinto antinatural, uma vez que sabemos qual é o perigo que a luxúria entre homens representa para todo o povo alemão! De qualquer modo, é isso que muito justamente exigem de todos e qualquer um os bons costumes deste país. A pena que lhe foi imposta leva em consideração, por um lado, a duração prolongada de suas relações antinaturais (mais de dois anos) e, por outro, o fato de que elas se

---

18. Sem meios financeiros pessoais, ele será isentado do pagamento.

limitaram a uma única pessoa com a mesma orientação sexual que a sua. Você limitou, assim, a propagação desse mal contagioso. Em vista da natureza desses fatos, os seis meses de prisão sentenciados nos parecem satisfatórios".

Nem o acusado nem o Ministério Público demonstram interesse de apelar da decisão. A sessão se encerra às 13h40. Rudolf é reconduzido imediatamente à prisão para cumprir o resto de sua pena. Descontado o tempo de detenção provisória, restam-lhe pouco mais de cinco meses de encarceramento.

Os arquivos judiciários conservados na Turíngia nos permitiram reconstituir com precisão esses acontecimentos. O que sem dúvida nos impressiona hoje é a severidade da pena e suas justificativas, mas também a rapidez que caracteriza essa instrução. Não se passou nem um mês entre as buscas na casa de Rudolf, em 8 de abril, e sua condenação, em 14 de maio de 1937. Com o fim do processo, as lembranças de Rudolf nos revelam o desdobramento dos acontecimentos desse ano tão trágico para ele e seus amigos, e principalmente de seu tempo na prisão.

Se a pena é longa e severa, Rudolf sabe que poderia ter sido pior. As condições da detenção se revelam quase suportáveis. Ele foi nomeado *Kalfaktor*, ou "faz-tudo". Designado para pequenas tarefas de manutenção na prisão, ele ainda trabalha na cozinha e distribui as refeições nas celas. Percebe então que está longe de ser o único condenado por homossexualidade e que vários outros, inclusive pessoas famosas da cidade, foram vítimas da atenção zelosa do Ministério Público de Altenburg. Lá também está Rudi, aquele cuja perseguição se acompanhou de detenções e de processos em cascata (inclusive o de Rudolf), e seu amante, um atleta de competição. Para Rudolf, a função de *Kalfaktor* permite um pouco de liberdade e ele se aproveita disso para transmitir as mensagens de amantes de uma cela para outra. Os prisioneiros mostram grande inventividade para despistar a vigilância dos guardas. Tudo é utilizado, até tubos de creme dental em que são escondidos os bilhetes que eles enviam.

Para manter essa pequena liberdade, é preciso ser discreto, do contrário a sanção é imediata. Rudolf sabe disso, mas certa tarde um guarda vai se encarregar de lembrá-lo: "Brazda, se você não calar essa boca, vou te dar uma tão forte na fuça que você vai girar seis vezes!"

Rodolf fica apavorado. É ele que o guarda acaba de interpelar violentamente. Não se mexer, não fazer nada, deixar-se humilhar diante dos outros prisioneiros. E tudo isso por quê? Por ter ousado falar com um detento durante a caminhada quando o silêncio era obrigatório. Rudolf nem chegara a refletir. Conhecia de Brossen o homem à sua frente, um ex-militante das Juventudes Comunistas. Será preciso deixar passar a tormenta e evitar que outros incidentes perturbem seu período na prisão até que ele consiga a liberdade, em 9 de outubro de 1937.

Livre... Rudolf sabe que seus dias em solo alemão estão contados. Sua partida da Alemanha já havia sido mencionada em Leipzig diante dos inspetores de polícia, e os preparativos para sua expulsão começaram a ser feitos pela administração desde sua condenação. Pouco importa que ele tenha nascido na Alemanha. Para o Reich, ele não passa de um estrangeiro com antecedentes criminais. Ele deve preparar sua partida, mas antes de tudo precisa confortar sua mãe. Ela vem esperá-lo à saída da prisão para levá-lo para casa. Ela não o julga, mas está ansiosa: "Espero que você não guarde rancor de mim por suas preferências e pelo que lhe aconteceu". Rudolf a tranquiliza explicando que ela não é responsável por sua homossexualidade e que a natureza o fez assim. É nisso que ele acredita sinceramente. Mas ele não consegue se desfazer da ideia aterrorizante de que seu pai morrera e com certeza é melhor assim! O pai teria reagido como sua mãe? Com a mesma candura? Rudolf duvida muito.

Werner vai retomar o contato com Rudolf após sua saída da prisão? Rudolf jamais saberá. Uma desconfiança generalizada se instala após as prisões em massa e, entre seus conhecidos, todos agora se calam. Werner, que ainda presta o serviço militar, também está com uma ação na justiça. É muito provável que ele mesmo tenha recebido sanções penais ou no mínimo disciplinares na Luftwaffe[19], para a qual ele fora transferido depois de ter iniciado o serviço militar em Naumburg.

Os dois amantes não voltarão a se encontrar. Para Rudolf, isso é uma ruptura. É também uma página que ele se vê obrigado a virar, junto com a esperança de recuperar uma liberdade que ele sabe estar agora comprometida na Alemanha.

Deixar a Alemanha... Ele, que nasceu aí e só fala alemão! Mas legalmente ele é tchecoslovaco e sempre foi.Pior, agora não passa de um "criminoso" no país que o viu nascer. Portanto, não tem mais escolha. Quando, meses mais tarde, sem grande surpresa recebe uma carta que o notifica de sua expulsão do território alemão, sua decisão já estava tomada: ele vai para a Tchecoslováquia – que, do ponto de vista do direito, ainda é sua pátria.

Entretanto, Rudolf tem tempo de se preparar. Para estar inteiramente em dia com as autoridades, ele pediu ao consulado, em Chemnitz, uma nova via do certificado de inaptidão para o serviço militar tchecoslovaco. Esse certificado completará sua documentação caso tenha de se justificar quando estiver na Tchecoslováquia.

---

19. A Força Aérea alemã. [N. E.]

2

O exílio

TRANSFORMADO EM *persona non grata* do regime nazista e tendo a Tchecoslováquia como único país capaz de acolhê-lo, Rudolf decide ir para Karlsbad. Para ele, essa é a opção mais viável. Ele conhece um pouco o lugar por ter passado aí uma temporada com Werner e espera retomar contato com os amigos que lá encontrou no verão de 1936. Enfim, sobretudo para ele que não fala tcheco, essa cidade, como o resto da província dos Sudetos, tem a vantagem de ser fortemente germanófona, o que afasta o obstáculo da língua.

No final de 1937, início de 1938, Rudolf desembarca na estação ferroviária de Karlsbad, Tchecoslováquia. É inverno, ele está sozinho e precisa de um lugar para passar a noite. Na Alemanha, não tivera tempo de reservar um quarto nem de prevenir seus antigos conhecidos de que chegaria. Todas as economias ele levou costuradas na bainha da calça.[20]

Rudolf pergunta a um mensageiro que caminho deve seguir e lhe confidencia que fugiu da Alemanha porque simpatiza com a causa comunista, sentindo vergonha de contar que tinha sido expulso por ser homossexual. A sorte vai sorrir para ele! Esse mensageiro é também militante e se sensibiliza com a situação de Rudolf. Por solidariedade, ele e sua esposa vão hospedá-lo pelo tempo necessário para ele encontrar um quarto. Eles possuem apenas um apartamento modesto no subsolo, mas será suficiente. Rudolf aceita e, no dia seguinte, começa a procurar um lugar. Ele pre-

---

20. Rudolf não tinha permissão de sair do Reich com dinheiro alemão.

cisa de pouco tempo para encontrar um cômodo mobiliado numa água-furtada. É uma acomodação barata, no limite da insalubridade, mas serve a Rudolf enquanto revê a cidade e reata os laços com antigos conhecidos. Ele não ficará aí muito tempo. Encontra rapidamente Josef, o "São José". Este conhecia alguém que poderia ajudá-lo a encontrar algo melhor. É a gerente de uma banca de café e doces num mercado. Ela pode lhe oferecer o sofá de sua sala, o que é melhor do que a água-furtada lamentável em que ele guardara seus poucos pertences. Rudolf não hesita, pois é uma sorte imensa ter encontrado essa moça. Depois de algumas noites, ele até se habitua ao crucifixo preso na parede, diante dele, e que parece estar vivo quando se mexe ao sabor dos percevejos que fizeram um ninho nele!

Algum tempo depois de sua chegada e de seu cadastramento em Karlsbad, Rudolf é convidado para almoçar por quatro funcionários da polícia secreta. Eles querem obter dele mais informações sobre o motivo de sua expulsão, mas sobretudo a respeito das atividades militares da Alemanha. O regime hitlerista não esconde mais suas intenções geopolíticas, e o vizinho tchecoslovaco está inquieto, com razão. Os temores tchecos serão reforçados por um discurso de Adolf Hitler em 20 de fevereiro de 1938, no Reichstag. O chanceler alemão indica claramente sua vontade de "proteger" os povos germânicos que habitam os territórios de fronteira. Segundo ele, esses povos estariam submetidos "aos sofrimentos mais cruéis e se encontram impossibilitados de assegurar sua liberdade política e espiritual". Após a realização, em março de 1938, do *Anschluss* com a Áustria[21], a região dos Sudetos se transforma no novo objeto das cobiças territoriais nazistas.

Mas, como aconteceu com o mensageiro que encontrou na estação, Rudolf tem enorme vergonha de declarar o motivo verdadeiro de sua extradição, e os quatro policiais percebem rapidamente que ele não pode ajudá-los muito em questões ligadas à inteligência militar. Não podem esperar nada de Rudolf, que apenas deseja uma nova vida. E, enquanto aumenta a ameaça nazista à sua nova terra de adoção, Rudolf se esforça para começar tudo de novo.

---

21. Ou seja, a incorporação da Áustria ao Reich.

3

A vida de boêmio

RUDOLF QUER ACREDITAR EM uma nova vida, mas no momento sua preocupação principal é gastar o menos possível, o que o leva recorrer às vezes aos refeitórios beneficentes no almoço. Ele vive de bicos e consegue alguma renda exercendo atividades pouco habituais.

É nessa situação incerta que ele conhece uma prostituta e passa a ser seu amigo. Como sempre acontece com as mulheres, Rudolf é rapidamente aceito por ela. E, no estranho círculo das prostitutas de rua, ele sabe se fazer útil. Em troca de algum dinheiro, Rudolf propõe-se a fornecer a essas mulheres, sempre muito ocupadas, cosméticos, sabonetes e outros produtos de beleza de que elas possam precisar. Todos saem ganhando, inclusive o comerciante judeu sensível à situação de Rudolf, de quem este compra os produtos por preços mais baixos. Contudo, sua situação financeira continua difícil. Servindo-se então de seu talento de dançarino e costureiro, Rudolf sai à procura de emprego em bares e restaurantes, entre os quais alguns frequentados pelos homossexuais da região. Vestido com um traje que ele mesmo confeccionou, ele tem um número para apresentar. Encarna Josephine Baker e suas danças, tal como vira no cinema! Com um pouco de treino, consegue repetir muito bem a coreografia e rapidamente apresenta uma imitação convincente dos movimentos e rebolados provocantes da artista. Após o número, ele passa entre as mesas para recolher as gorjetas. Rudolf repete as representações sem parar, e numa ocasiões dessas se engraça com um jovem ator que pertencia a um grupo de teatro itinerante chamado Westböhmische

Volksbühne[22]. Ele apresenta Rudolf ao seu diretor, Richard Fischl, que o contrata rapidamente. "Bubi", apelido dado afetuosamente a Rudolf pelo senhor Fischl, torna-se primeiramente um "pau para toda obra". Rudolf sente-se à vontade e faz amizade com os outros artistas. Como no tempo feliz de sua adolescência, as mulheres gostam dele pelo jeito de cantar e dançar. Para os homens, ele é aquele que presta serviços, que se vira e também desempenha às vezes pequenos papéis no teatro. Rudolf adora essa vida de artista que o leva aos montes e vales da região e a outras províncias tchecoslovacas. De cidade em cidade, ele acompanha esses artistas a pequenos teatros ou a restaurantes que tenham salão de festas. Ele está feliz. Em Sodau (hoje Sadov), não muito longe de Karlsbad, vem a conhecer Anton, apelidado de Toni. Trata-se do cabeleireiro dos comediantes do grupo. Nascido na região de Eger e morador de Karlsbad, tem 22 anos de idade. Rudolf, do alto de seus 25 anos, compreende rapidamente as verdadeiras inclinações do jovem Toni. No começo, flerta amavelmente com ele antes de seduzi-lo. Encontram-se cada vez mais, sobretudo nos finais de semana. Quando é possível, Toni viaja com Rudolf em suas turnês.

Ninguém suspeita ainda que a anexação dos Sudetos, exigência do Reich, ocorrerá tão fácil e rapidamente. Os acordos de Munique, assinados em 30 de setembro de 1938 e apoiados às pressas alguns dias antes pela Itália fascista, afirmam a não ingerência da França e do Reino Unido na crise dos Sudetos. Essas duas nações não estão prontas para entrar em guerra e tentam ainda preservar, a todo custo, a paz na Europa. Para isso, é preciso apaziguar os caprichos do chanceler Hitler, que ameaça utilizar a força armada para invadir o território. A Tchecoslováquia, que não havia sido convidada à conferência, é abandonada pela França, sua aliada, com a qual tinha um acordo que garantia a integridade de suas fronteiras.

Hitler consegue desacreditar a França e o Reino Unido no âmbito diplomático e, na manhã seguinte à assinatura desse acordo, envia seu exército para a Tchecoslováquia.

---

22. Teatro Popular da Boêmia Ocidental.

Em um final de semana, Toni e Rudolf estão em Lichtenstadt (hoje Hroznětín), perto de Karlsbad, no momento exato em que as tropas nazistas entram em território tcheco. Toni, fugindo da insegurança momentânea de Karlsbad, veio juntar-se a Rudolf, que viaja com o Volksbühne. Os habitantes se enfurnam nas casas, muito raramente ousando observar o que se passa lá fora. Todo movimento suspeito nas janelas é interpretado como um gesto hostil pelos invasores, que têm ordem de atirar. Não longe dali, na mesma rua, um homem muito curioso acaba de ser abatido por um soldado da Wehrmacht[23].

Com a incorporação da região dos Sudetos, nos dias 1º e 2 de outubro de 1938, uma das primeiras medidas do Reich, novo senhor do lugar, é reduzir a liberdade dos judeus. A Westböhmische Volksbühne é diretamente afetada. Richard Fischl, sua família e vários comediantes são judeus. Em Lichtenstadt, essa "empresa judia" se dissolve. A maioria dos colegas de Rudolf no grupo é presa. Eles, que sonhavam ir para o Canadá, não mais se encontrarão com Rudolf.

Sem emprego, sem notícias de seus amigos presos, Rudolf retorna a Karlsbad. Um clima de ódio contra os judeus se disseminara, e em certos muros foram pichadas frases hostis. Uma delas marca Rudolf: "A Palestina é para lá". Essa frase foi pintada grosseiramente numa placa no muro alto de um casarão numa avenida de gente rica, cujos ocupantes, judeus, fugiram.

Rudolf, daí em diante, vive com a ajuda de Toni. Ele sabe que se aproveita da situação porque não está realmente apaixonado pelo amigo, mas os dois se entendem bem, de modo que não há mal nisso. O jovem cabeleireiro encontra emprego em um salão muito bem frequentado. Isso atenua os remorsos de Rudolf, que, enquanto o espera, vai ao mercado, visita conhecidos, vai a cinemas, como o Passage-Kino, ou mata o tempo no Café Löser. Ocasionalmente, ele faz programas de um dia, às vezes nos banheiros públicos ou na floresta que cobre as colinas em torno de Karlsbad. Não é raro também que Toni lhe dê uma parte de suas generosas

---

23. O exército alemão.

gorjetas. Seja no salão de cabeleireiros, seja quando Toni atende em hotéis de luxo, a freguesia é rica. Entre seus clientes frequentadores do enorme Hotel Imperial – que sobressai na cidade com sua enorme silhueta – há altos comandantes nazistas. Como um tal de Rudolf Hess...

No começo de 1939, depois de alguns meses dessa vida ociosa, Rudolf acaba encontrando trabalho. Ele é contratado como telhador na Schieche, uma empresa familiar instalada no bairro de Drahowitz, o mesmo onde mora Toni. Nesse ínterim, Rudolf ampliou seu círculo de amizades femininas, com as quais se encontra frequentemente no fim de semana. Ele continua prudente com elas e não revela sua verdadeira sexualidade, o que não o impede de morar com Toni. Juntos desde abril, eles se mudam para a casa dos Hubl, na Mattonistrasse, 47. Cada um deles ocupa um quarto na mansarda, no segundo e no último andar.

A vida retoma então o curso e adquire um aspecto de normalidade, apesar da anexação nazista e da guerra que será declarada mais adiante, no mesmo ano.

4

Fernand

MOBILIZADO EM 4 DE SETEMBRO de 1939 no 105.º Regimento de Infantaria, Fernand junta-se à tropa e a seu local de atuação duas semanas depois. A batalha da França, a invasão-relâmpago do país e a tomada de Paris pelas forças armadas de Hitler põem fim à "guerra de mentira". É a derrocada de junho de 1940.

Em 16 desse mês, Paul Reynaud, presidente do Conselho de Ministros, renuncia com todo o seu gabinete. A pedido do presidente da República, Albert Lebrun, ele é substituído no mesmo dia pelo marechal Philippe Pétain, que constitui um novo governo em Bordeaux e se apressa a iniciar negociações com as autoridades alemãs. No dia 22, a assinatura do armistício pelos representantes do chanceler Hitler e do novo governo francês encerra oficialmente as hostilidades entre França e Alemanha.

O acordo prevê a rendição incondicional das tropas francesas e a libertação dos prisioneiros de guerra alemães. Antes mesmo da assinatura do armistício, e ainda que nada estivesse estipulado em seus termos, a Alsácia e o Mosel (região da Lorena) são anexadas ao Reich. Seguindo a lógica territorial e política nazista, os habitantes da Alsácia passam a ser considerados população alemã. Assim, os prisioneiros alsacianos que lutavam nas tropas francesas e foram presos pelos alemães são libertados! Fernand, capturado pelos alemães com sua unidade em Charmes-la-Côte, perto de Toul, no departamento de Meurthe-et-Moselle, se beneficia com outros companheiros dessa estranha situação. Ele é libertado em 7 de julho e pode voltar para casa livremente, em Mulhouse, que se encontra agora em território anexado. É a primeira grande cidade alsaciana rendida pelas tropas alemãs, que já desfilavam em suas ruas em 18 de junho.

Os ocupantes não perdem tempo: organizam rápido a perseguição dos indesejáveis e de outros indivíduos potencialmente perigosos para o novo regime. Nesse momento, Fernand é pego por causa de seu passado. Ainda que não tenha dito muito a respeito, também não negou sua participação ativa, anos antes, nas Brigadas Internacionais na Espanha. Ora, as forças franquistas, vitoriosas no conflito contra os republicanos e os brigadistas, haviam desfrutado a ajuda dos poderes fascistas. Aquele que aderiu aos ideais comunistas ou republicanos espanhóis representa para os nazistas um risco à segurança do Estado e do regime instaurado na Alsácia.

Fernand não é exceção e sabe disso. Com outros camaradas, ele decide deixar a região. O objetivo deles: chegar ao "interior"[24], com a esperança de chegar, em seguida, à zona não ocupada. Mas o plano fracassa. Ele e alguns companheiros são interpelados pela polícia na estação ferroviária de Mulhouse quando estão prestes a embarcar no trem. Preso imediatamente, Fernand é interrogado pela Gestapo[25], que não demora a conseguir as informações que desejava: sua implicação na Guerra Civil Espanhola.

Em meados de agosto, ou seja, três semanas após a sua prisão, Fernand está entre os primeiros alsacianos enviados ao Sicherungs- und Erziehungslager[26] de Schirmeck-Vorbrück, na região do Baixo Reno.

Esse campo, formado de barracões militares dentro de uma área cercada, fora construído às pressas pelos franceses no início da guerra. Rapidamente, ele passa a ser utilizado pelo ocupante alemão, que faz dele um local de encarceramento daqueles que resistem à anexação e à nova diretriz de germanização forçada. Como esses rebeldes não foram objeto de uma medida de expulsão, é preciso "educá-los". É esse aspecto que se destaca no termo *Erziehungslager*.

---

24. Ou, ainda, à "velha França", designação alsaciana da parte do território francês que perdeu as regiões do Alto Reno, do Baixo Reno e do Mosel.
25. Contração de *Geheime Staatspolizei*, a polícia secreta.
26. Campo de Segurança e Reeducação.

Para a administração alemã, Schirmeck-Vorbrück não é um KL[27] – um campo de concentração –, mas as condições de detenção não ficam a dever às de um violento regime de terror. Administrado com mão de ferro pelo comandante Karl Buck, esse campo receberá durante sua existência em torno de 20 mil pessoas presas na Alsácia e no Mosel anexados.

Os internos permanecem detidos aí por um período que vai de algumas semanas a vários meses. Ao final da pena, espera-se dos que são libertados que sejam dóceis súditos do Reich. Interrogatórios, lições de doutrinamento, torturas físicas e ameaças de execução – todos os meios são bons para chegar a esse objetivo.

É também nesse campo que serão internados um tal de Pierre Seel e outros acusados de homossexualidade. Quanto a pessoas como Fernand, registrado como *Staatsfeind* e *Kriegsverbrecher*, ou seja, "inimigo do Estado" e "criminoso de guerra", o campo de Schirmeck é apenas o começo, um lugar de passagem. Em 3 de dezembro de 1940, começa para ele um longo périplo carcerário. Stuttgart, Mannheim, Frankfurt, Kassel... essas diferentes prisões do Reich são apenas etapas antes de seu destino final. Em 10 de janeiro de 1941, ele chega ao campo de Buchenwald.

---

27. Iniciais alemãs de *Konzentrationslager* (campo de concentração). [N. E.]

parte 3

No Oeste da República Tcheca, perdida em um lugar bucólico cheio de vales, onde se alternam colinas cobertas de florestas e terras cultivadas, ergue-se a charmosa aldeia de Nepomuk. É nessa região que nasceram os pais de Rudolf. Muitos dos traços da arquitetura das moradias e dos prédios públicos lembram outras províncias do antigo Império Austro-Húngaro. Pode-se também admirar nessa vila os prédios de estilo barroco, ou *Jugendstil*, nas proximidades da praça principal, em terreno inclinado. Lá está uma estátua da criança mais conhecida do lugar, São João Nepomuceno, cujas imagens se encontram frequentemente sobre as pontes ou perto dos cursos d'água em toda a Europa central.

Um pouco mais acima na colina, os Arquivos de Pilsen têm em seu depósito de Klášter um bem importante doado pela administração pública da região. Nas caixas de papelão que ocupam centenas de metros de prateleiras, foram encontradas duas pastas de cartão cor-de-rosa. Eles contêm os documentos da investigação feita contra Rudolf e seus coacusados. A análise detida desses documentos dá não só uma ideia do clima de suspeita e repressão que reinava na época em um território conquistado (e o que poderia muito provavelmente ter acontecido no *Altreich*[28]), mas revela também a severidade das penas aplicadas em razão de atos re-

---

28. Literalmente, o "velho império", termo referente às fronteiras da Alemanha de 1937, ou seja, antes da anexação da Áustria e de outras conquistas territoriais realizadas até agosto de 1939.

criminávies. O que vem a seguir, inclusive os diálogos, baseia-se nos arquivos oficiais. Só foram omitidos ou modificados certos sobrenomes para respeitar o anonimato das pessoas envolvidas.

Imóvel na Weinbergstrasse, 1, em Meuselwitz (Alemanha), onde moraram Ruldof e Werner até o início de 1937.

Rudolf (sentado) com seu irmão Karl, o fim dos anos 1920.

Werner.

Rudolf aos 18 anos.

Atestado do consulado da Tchecoslováquia em Chemnitz datado de novembro de 1937, com a inscrição manuscrita "*untauglich*" (inapto [para o serviço militar]).

O elegante Rudolf (Karlsbad, entre 1938 e 1940).

Rudolf, sua mãe e uma amiga (Karlsbad, 1938).

Toni e Rudolf em 1939 ou 1940.

Toni e Rudolf no bairro de Drahowitz, em Karlsbad, em 1939 ou 1940.

Rudolf rodeado de duas amigas atrizes (Karlsbad, 1938).

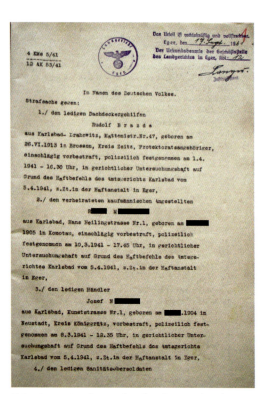

Rudolf de costas, diante das flâmulas nazistas instaladas em Karlsbad, pouco antes da anexação da Tchecoslováquia pela Alemanha.

Primeira página do veredito de 5 de setembro de 1941 pronunciado pelo tribunal de Eger. *Fonte: Arquivos Nacionais de Pilsen (República Tcheca).*

Pequeno anúncio publicado na imprensa local por Raimund, à procura de um companheiro. Catalogado pela Gestapo com a ordem de que seja tratado "imediatamente" (*Sofort!*).
Fonte: Arquivos Nacionais de Pilsen (República Tcheca).

Rudolf Brazda em março de 2009 à frente da antiga prisão de Eger (hoje Cheb, na República Tcheca).

Carteirinha de telhador (*Dachdecker*) concedida a Fernand B. no campo de Buchenwald. Ela indica seu número de matrícula e seu emprego.

Ficha pessoal de Rudolf, prisioneiro nº 7952 em Buchenwald.

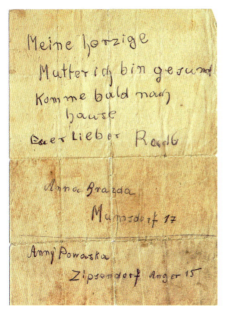 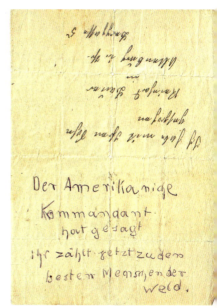

Mensagem levada à mãe de Rudolf por um colega de prisão: "À minha mãe querida – estou bem de saúde e voltarei logo – Seu querido Rudl".

Do outro lado da mensagem, lê-se: "O comandante americano disse: 'Daqui por diante vocês fazem parte da elite da humanidade'".

Carteira de identidade provisória entregue a Rudolf quando deixou o campo de Buchenwald.

Carta com data de 7 de maio de 1945, concedida a Rudolf pelas autoridades francesas do Centro de Repatriamento 08 (Thionville).

Rudolf, no fim dos anos 1940, em Mulhouse.

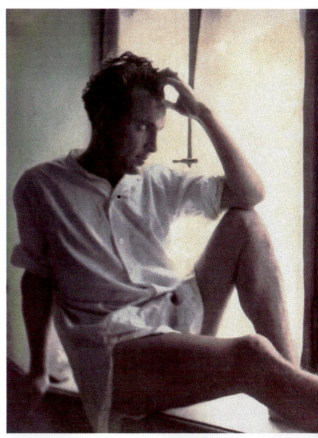

Rudolf fantasiado (à esquerda), no início dos anos 1950, em Mulhouse.

Rudolf (à direita) e Edi pouco depois de se conhecerem (início dos anos 1950).

1

A investigação preliminar

APÓS SUA ANEXAÇÃO EM OUTUBRO DE 1938, a província dos Sudetos integra-se ao Reich e, assim, aplica as leis alemãs. A homossexualidade é condenada com base no parágrafo 175 como "ato de luxúria".

Tudo começa em agosto de 1940, com um pequeno anúncio no *Deutsche Tageszeitung*, jornal diário de Karlsbad:

> *Senhor, na casa dos 30 anos, procura gentil e inteligente*
> *AMIGO E COMPANHEIRO DE MARCHA.*
> *Pessoas do sexo feminino excluídas –*
> *Envie resposta ao jornal*
> *com a referência "Companheiro de marcha".*

Esse anúncio aparece logo após outro, muito parecido e veiculado dias antes – ainda que menos explícito a respeito do tipo de pessoa procurada –, ao qual três mulheres e um homem responderam. O autor do primeiro anúncio volta ao jornal para se assegurar de que seja publicada uma versão mais precisa (acima), na qual ele pede às mulheres que se abstenham de responder. Na redação do jornal, o homem se justifica dizendo que é casado e, portanto, não deseja a companhia de mulheres!

Esse novo anúncio é um fracasso. Dessa vez, ninguém responde a ele e, pior, a aparição desse novo texto tem o efeito imediato de despertar as suspeitas tanto da Kripo[29] quanto da Gestapo de Karlsbad.

Inicia-se prontamente uma investigação, conduzida pelo inspetor Peyer, da Kripo. Depois de coletadas as informações no jornal, o autor é identificado como Raimund M.[30], recém-chegado a Karlsbad. De acordo com seus antecedentes criminais, esse senhor já havia sido objeto de uma primeira condenação por homossexualidade poucos meses antes. O inspetor percebe que farejou um suspeito interessante e lança suas redes à volta dele. E talvez esse suspeito permita detectar e apanhar outros homossexuais. Em todo caso, essa é a real intenção do inspetor. Assim, os policiais iniciam uma vigilância discreta do local onde mora Raimund.

Nascido em agosto de 1905, Raimund cresceu e estudou em Komotau (hoje Chomutov). Com 14 anos, ele se torna aprendiz de vendedor de livros em uma loja, na qual trabalha até o início dos anos 1930. Em seguida, passa por um período menos gratificante, em que faz alguns bicos até retomar uma atividade reconhecida como funcionário civil da Wehrmacht. Em 1939, Raimund, casado há apenas duas semanas, sofre uma queixa de infração do parágrafo 175. Apesar do curto tempo de vida comum com sua esposa, ele alega ter um casamento feliz. Proclama sua inocência e acha graça de ter sido apontado por dois indivíduos igualmente perseguidos paralelamente a esse caso. Apesar disso, é condenado a seis meses de prisão pelo tribunal de Brüx (atualmente Most), acusado de "atos de luxúria antinaturais entre homens" (§ 175).

Três semanas depois de sua saída da prisão, em 1º de julho de 1940, Raimund retoma o trabalho como contador em uma cooperativa agrícola de Karlsbad. Ele foi morar nessa cidade, mas retorna para ver a esposa em Komotau nos fins de semana. Às vezes, é ela quem o visita em uma dessas modestas pensões que ele paga por mês. Ele toma café na pensão, mas prefere almoçar na casa de moradores, pagando por isso.

---

29. Contração de *Kriminal Polizei* – polícia criminal.
30. Nome modificado para preservar o anonimato dessa pessoa.

Esse talvez pareça um detalhe, mas terá importância na investigação do inspetor Peyer...

Sim, foi realmente um ato inconsciente e também equivocado veicular um anúncio como esse logo após sua saída da prisão e a condenação por homossexualidade. Quatro meses depois de Raimund ser colocado sob vigilância, os policiais não têm nada contra ele além desse anúncio e de sua ficha policial. Nenhuma prova nova foi acrescentada à sua pasta e não há o que permita prendê-lo em flagrante em sua casa com outros homens. O levantamento de informações patina, e as investigações provavelmente se limitariam a Raimund se nos últimos dias de 1940 não surgisse um novo fato, a princípio sem ligação com o caso.

O comissariado central de Karlsbad acaba de receber uma carta de denúncia sumária não datada, redigida em meia página, em letra cursiva muito bonita, mas sem pontuação:

Ao comissariado de polícia

Quero chamar sua atenção para o fato de que mora conosco, na casa Reichsadler[31], uma tia [sic] chamada Josef [N.] que sempre recebe visitas masculinas e além disso se mostra insolente diante dos outros locatários do lugar. Agradeço se derem uma lição nesse senhor fazendo-o ficar de bico calado
Heil Hitler!
[Assinatura]

O que de início parece ser uma briga comum entre vizinhos aponta para um homem apelidado "São José" por seus amigos homossexuais. O bilhete é imediatamente enviado à polícia criminal, autoridade competente no assunto, e se transforma no gatilho de uma máquina repressiva que vai se desdobrar para condenar várias outras pessoas, entre elas Rudolf Brazda.

---

31. Nome de um restaurante, escrito na fachada.

Naquele momento, Josef é desconhecido da polícia, ao menos como homossexual. Uma verificação de rotina sobre o remetente da carta também se faz necessária. Sem dúvida o envelope traz o nome do remetente, mas logo se descobre que a identidade do verdadeiro autor é falsificada. O delator se fez passar por Julius Lobmayer[32], um vizinho, que nega qualquer envolvimento. Interrogado pela polícia, Lobmayer é submetido a um teste grafológico e a dúvida desaparece: ele não é o autor do bilhete original. O vizinho reconhece, contudo, que as relações de Josef com os outros locatários do imóvel são mesmo tensas. Isso se agravara depois do fim do verão. Josef, alegando uma suposta doença, não trabalha mais, o que todos os moradores desaprovam.

Para Peyer, esse depoimento é muito mais importante do que descobrir a identidade do verdadeiro delator. E, como aconteceu com Raimund, a vigilância policial do domicílio de "São José" é considerada necessária. Lobmayer, informado disso, é obrigado a não revelar nada e apontar sem demora para a polícia todo visitante que entrar ou sair da casa de Josef.

Josef... Nascido em 1904, em Neustadt-an-der-Mettau (hoje Nové Město nad Metují), localizada na região que se transformou em 1939 no protetorado da Boêmia-Morávia[33], o rapaz, órfão de pai desde pequeno, chega aos Sudetos com a mãe, os irmãos e as irmãs. Depois de ter morado no campo, a família se instala em Karlsbad, onde Josef frequenta a escola até 1918, antes de tornar-se aprendiz de alfaiate. Ao final de três anos, ele deixa a profissão por motivo de saúde. Não suporta ficar sentado por muito tempo. Começa, então, a fazer alguns bicos antes de trabalhar por conta própria, em 1936, como sorveteiro ambulante.

Na primavera de 1940, Josef entra para a Wehrmacht, mas, sempre por motivo de saúde, é dispensado do serviço militar ativo. Volta à vida

---

32. Sobrenome modificado.
33. Esse território, único vestígio da Tchecoslováquia original (desmembrada após a anexação dos Sudetos), foi invadido pela Alemanha em março para ser posto sob a "proteção" do Reich.

civil e encontra um trabalho na sorveteria de Schöner, no bairro de Fischern, em Karlsbad. Ao final de alguns meses, solicita novo afastamento do trabalho em razão de fortes dores abdominais. Os médicos que o acompanham concedem-lhe três semanas. Mas, terminado esse período, Josef não retorna ao trabalho. Decidira, sem dúvida, aproveitar a vida e viver de suas economias até que se esgotassem.

É nessa época que o denunciam. Inúmeras vezes seus vizinhos o repreendem por sua inatividade, mas Josef permanece indiferente, ignorando soberbamente os comentários. Essa atitude acirra ainda mais o conflito, e os pequenos rancores fazem os vizinhos prestar cada vez mais atenção aos homens que vêm visitar Josef em casa.

Enquanto espera, Peyer gira em círculos, mas Josef não desconfia de nada, embora há dois meses sua casa esteja vigiada. Em vão. O próprio inspetor foi lá duas vezes para revistar o quarto do suspeito, que não estava em casa. Assim, o inspetor interrogou outras pessoas... e o fez com os sentidos bastante apurados. Muito rapidamente dois vizinhos confirmam que várias vezes alguns homens visitaram Josef em sua casa. Uma dessas pessoas vai mais longe: "Comecei a pensar que ele tem tendências anormais [...]. No ano passado – devia ser outono –, veio visitá-lo um senhor que trouxe flores".

Às 7h45 da manhã seguinte, Peyer vai novamente ao número 1 da Kunstrasse e, dessa vez, Josef lhe abre a porta. A inspeção surpreende inteiramente "São José", mas o policial não revela o verdadeiro motivo dessa ação súbita. Ele o faz acreditar que se trata de um controle de sua situação quanto ao afastamento do trabalho. Nesse ano de 1941, as tropas alemãs estão metidas um pouco em cada canto da Europa, e o Reich espera das pessoas que não combatem um esforço para sustentar a economia de guerra. A mão de obra é mais que insuficiente e já faz cinco meses que Josef pediu ao departamento local de trabalho afastamento por motivos de saúde. A polícia só quer, com razão, exercer o poder de verificar o atestado médico que justifica a inatividade dele. No entanto, Josef não pode apresentá-lo. Inventa que o documento está na casa de sua irmã. O inspetor pergunta, então, se pode ver sua correspondência oficial. Josef aceita, esquecendo-se de que em meio à sua correspondência há dezenas de fotografias, retratos de homens de idades variadas, assim como cartões-postais e cartas pessoais, que Peyer descobre rápido.

Todos os documentos são levados à delegacia para verificação, e Josef é obrigado a acompanhar o inspetor. Ao sair de casa, Peyer se finge maravilhado com as lindas flores de azaleia que decoram a mesa. Elas devem ter custado caro. Peyer pergunta de onde veio o arranjo. "Eu as comprei", é a primeira resposta que ocorre a Josef. É surpreendente para uma pessoa que não mais tem rendimentos, pois, se o inspetor não está enganado, a previdência social parou de indenizar Josef há algumas semanas. Mas Peyer mantém o jogo e finge acreditar nessa explicação. A caminho do posto policial, ele até aceita fazer um desvio e parar na casa da irmã de Josef para pegar o famoso atestado médico supostamente esquecido lá. Infelizmente, o documento não está com a irmã de Josef.

Chegando à delegacia, Josef é primeiro questionado, com toda a naturalidade, sobre sua falta de pressa em retomar o trabalho. O homem se entrincheira atrás de seus problemas de saúde e da pouca eficácia dos tratamentos que lhe prescreveram.

Em nenhum momento ele espera que o inspetor mude bruscamente de assunto. Num instante, Peyer revela a Josef o verdadeiro motivo de sua presença no posto de polícia. Desconcertado, Josef nega de modo categórico. Ele jamais cometeu um ato de luxúria com homens e jamais se permitiu masturbar-se diante de outro homem, nem teve relações homossexuais anais, orais ou "na perna"[34] na casa dele ou em outros lugares, tampouco durante o período em que morou na Tchecoslováquia.

"Eu sou normal sexualmente e sempre tive relações sexuais regulares com mulheres", defende-se ainda Josef. Chega a afirmar que está

---

34. Essa última categoria de contato sexual pode parecer insólita, mas faz parte do vocabulário administrativo consagrado. Basta lembrar que a interpretação do texto original da lei condenava qualquer contato entre o membro em ereção de um homem e a boca, o ânus ou as pernas de outro homem. Um contato sobre ou entre as pernas, mesmo sem penetração, era portanto considerado uma relação sexual.

saindo de uma relação com uma mulher separada, de cujo nome ele infelizmente não se lembra mais. Josef começa a se enrolar nas explicações e Peyer leva o interrogatório ainda mais longe. O que Josef pode dizer sobre suas relações com as pessoas que tentaram se curar nas termas? E quem é o senhor que o visitou em sua casa duas ou três vezes, levando-lhe flores?

Josef explica que conheceu esse senhor – cujo nome não recorda – em uma das fontes termais da cidade e que o havia acompanhado ao hotel pois ele teve um mal-estar. As flores eram apenas uma demonstração de sua gratidão...

– Então, nunca houve nada entre vocês? [pergunta Peyer]
– Não, jamais.
– E as azaleias em seu quarto?
– Elas me foram dadas por um senhor cujo nome desconheço. Ele trabalha no bairro de Fischern. [...]
– Quando estive em sua casa, você me disse que tinha comprado as flores. Por que agora você decidiu mudar sua versão dos fatos? [...] De quem você recebeu essas flores e por que elas lhe foram dadas? [insiste o inspetor]

Josef explica, então, que elas vieram de um freguês da sorveteria em que ele trabalhou pela última vez. Ele acha que o viu primeiramente na sorveteria em junho de 1940. O homem dispôs-se a fazer as declarações de impostos de Josef, motivo pelo qual ele passou recentemente em sua casa duas vezes à noite.

– Como se chama e onde mora esse homem?
– Não sei.
– Qual é a idade dele, segundo o senhor?
– Entre 28 e 34 anos, e ele é quase careca.
– O senhor poderia descrevê-lo mais detalhadamente?
– Ele deve ter um metro e sessenta; está sempre de malha cinza. Não posso dizer muito mais do que isso. Ele me disse que é casado e vinha de Komotau.

– O senhor teve relações homossexuais com esse homem?
– Não.
– O senhor disse a verdade?
– Sim, assim o fiz.

Aqui termina o primeiro depoimento de "São José".

Suas explicações não são muito convincentes, sobretudo quando finge não saber o nome das pessoas com que convive de perto. E, infelizmente para Josef, ao ouvir falar de um homem casado e vindo de Komotau o inspetor Peyer o relaciona de imediato com Raimund. Sabe que, enfim, conseguirá provocar confusão nesses dois personagens, sem falar de todos os que poderão ser implicados. Desses dois casos, distintos no primeiro momento, o policial espera fazer um só. Ele decide manter Josef sob vigilância e, na margem do depoimento, observa que todas as afirmações do suspeito devem ser verificadas, principalmente aquela de que ele não é homossexual.

O inspetor Peyer pode se concentrar de novo em Raimund. Este acaba de mudar de pensão, e Peyer soube de uma fonte confidencial[35] que Raimund foi visto em seu endereço anterior de pijama enquanto se despedia de um indivíduo, tarde da noite. Sem dúvida era um homem, mas não se fez nenhuma descrição dele. Além disso, pouco antes de sair definitivamente dessa pensão, Raimund esteve ausente uma noite durante a semana, tendo dormido em outro lugar. Para Peyer, esses detalhes reforçam a ideia de que Raimund tem relações com homens e que ele poderá, portanto, desmascará-lo. Dois dias depois, Peyer o espera na saída de seu trabalho e o leva para a delegacia.

No momento de seu primeiro depoimento, Raimund desmente ser homossexual (ou ter relações homossexuais) e afirma que já foi condenando uma vez, por engano. Quanto ao anúncio que publicou sete meses antes no jornal *Deutsche Tageszeitung*, não deveriam ser vistas nele segundas intenções homossexuais: como não conhecia ninguém em

---

35. Tudo leva a crer que se tratasse dos locadores anteriores de Raimund.

Karlsbad, ele esperava simplesmente fazer amigos, mas não mulheres, por estar casado...

Entretanto, ele confirma as observações feitas à polícia por essa fonte misteriosa que o inspetor Peyer mantém no anonimato. Sim, ele havia recebido a visita à noite de um certo Schmuzahl, com quem almoça às vezes na casa da senhora Kaptor. Esse homem batera em sua janela, numa noite de novembro, para dar um passeio. Mas, por causa do frio e do vento, Raimund preferiu convidá-lo a entrar. O visitante teria ficado na casa não mais de quinze a trinta minutos antes de partir.

Quanto a Josef, que ele conheceu na sorveteria onde trabalhava, tornou-se seu amigo. Sim, Raimund havia visitado Josef várias vezes e até passara a noite anterior em sua casa. Como permanecera até tarde, preferira dormir lá a sair no frio. O depoimento acaba desta maneira: "Não sei se Josef N. é homossexual. Ele nunca me pareceu ser e nós nunca tivemos esse tipo de relação. Eu disse a verdade".

Mesmo assim, Raimund é posto sob vigilância. A investigação deve prosseguir e corre-se o risco de demorar para reunir mais provas e estabelecer a culpa dos acusados. Peyer sabe que não dispõe ainda de elementos suficientes para obter do tribunal de instância a detenção provisória. Que importa! Ele pede então três semanas de *Schutzhaft*[36] à Gestapo: esse tipo de detenção lhe permite reter os dois suspeitos por mais tempo sem depender de uma decisão da justiça. O inspetor declara ter boas razões para crer que Josef N. e Raimund M. não dizem toda a verdade. A Gestapo concorda com a argumentação dele e vai além: a *Schutzhaft* referente aos suspeitos Josef e Raimund é concedida para mais que os 21 dias solicitados. A autorização vale até a conclusão da investigação criminal, portanto sem prazo.

Peyer pede também que enviem a Brüx os autos do processo de Raimund e fica em contato com o prefeito e a polícia de Komotau. Ele já lhes

---

36. Literalmente, detenção de proteção. Medida arbitrária da SS ou da Gestapo, aplicada primeiramente aos adversários políticos e depois às pessoas ligadas a minorias raciais e religiosas ou consideradas antissociais.

havia feito algumas solicitações meses antes, por ocasião de sua primeira incursão a respeito da moralidade de Raimund. O inspetor espera obter agora o máximo de detalhes sobre o suspeito, mas também sobre suas relações homossexuais em sua cidade de origem. Além disso, recorre aos sucessivos locadores de Raimund e também ao seu patrão. Ele quer encontrar outras evidências de acusação.

A primeira locadora é bastante explícita: ela teria pedido a Raimund que deixasse o quarto após dois meses apenas. Segundo ela, Raimund teve uma atitude inconveniente, até licenciosa, de acordo com um suboficial alemão de passagem por sua pensão. Quando este afirmou que Raimund devia ter "tendências anormais", ela logo deu ao jovem um aviso prévio e pediu que partisse. Os patrões de Raimund se mostram mais moderados. Restringem-se a comentários de ordem profissional, afirmando que, no local de trabalho, Raimund parecia procurar mais contato com as mulheres do que com os homens.

Falta ouvir ainda o famoso Schmuzahl como testemunha. Quem é esse homem que visitou Raimund tarde da noite? Paira sobre ele uma grande suspeita. Para chegar até ele, Peyer vai conversar com a senhora Kaptor, pois era na casa dela que, segundo o depoimento de Raimund, ele e Schmuzahl tinham o hábito de almoçar. Depois de várias tentativas infrutíferas, Anna Kaptor é ouvida em sua casa, na Felix-Dahn-Strasse, 15. Com 71 anos, essa viúva ainda cozinha para alguns pensionistas a fim de complementar o orçamento. Ela é a primeira a falar de Rudolf com o inspetor. Schmuzahl era apenas um apelido afetuoso que ela lhe havia dado... A senhora confirma que esse jovem vem almoçar em sua casa regularmente depois que encontrou trabalho. Raimund também vem, mas de maneira mais esporádica. Foi na casa dela que os dois homens se conheceram. Interrogada sobre Raimund, a senhora Kaptor declara simplesmente que não tem nada que reprovar nele e afirma: "Nunca percebi que Rudolf e Raimund fossem particularmente bons amigos". Após essa conversa, Peyer deseja também tomar o testemunho de Rudolf e decide convidá-lo à delegacia no dia seguinte.

2
A intimação
da Kripo

POR UMA ESTRANHA SÉRIE DE circunstâncias, Rudolf, que era tcheco no papel, exilado da Alemanha para a terra de seus pais, volta a viver no território do Reich quando os Sudetos são anexados a ele, em 1938, com o nome de Südetengau. Reformado do exército porque não falava tcheco, Rudolf nunca precisou combater por seu país. E o que resta da Tchecoslováquia original, nascida no final da Primeira Guerra? Após a invasão e a tomada dos Sudetos por Hitler, o país implodiu, uma vez que a província da Eslováquia entrou em secessão e a Polônia anexou um pequeno território limítrofe. O restante foi invadido em março de 1939, passando para a tutela alemã sob o nome de Protetorado da Boêmia-Morávia. E Rudolf tornou-se morador de fato desse protetorado, ainda que habitante do Reich. Todos esses imprevistos geopolíticos explicam por que ele jamais foi mobilizado, nem pelo exército tchecoslovaco, antes da anexação, nem pela Alemanha a seguir.

Se sua situação insólita o manteve longe dos combates, a guerra, que se intensifica, não mais poupará Toni. No dia 15 de junho de 1940, ele é convocado para a Wehrmacht e deixa Karlsbad. Como para a grande maioria dos homens de sua província, o fato de ter avós "de sangue alemão" faz que o considerem cidadão do Reich – com todas as obrigações que isso implica em caso de guerra.

Essa é a regra imposta em todos os territórios anexados, antes de 1939 ou depois dos avanços vitoriosos da Wehrmacht no início do conflito mundial. Alsacianos, moselianos, luxemburgueses, ninguém escapa à regra, inclusive no Südetengau.

Isso vale também para outras populações de origem alemã que há muito se dispersaram pela Europa central e oriental. Entre elas estão os banatos[37]. Depois que essas populações são incorporadas ao Reich, os homens em idade de combate são recrutados para lutar pela bandeira da suástica ou alistados para o esforço de guerra alemão.

De seu lado, Toni chega ao seu local de combate, uma unidade com base em Bad Kissingen, a 250 quilômetros mais a oeste, na qual ele é nomeado *Sanitätsobersoldat*[38]. Após algumas semanas, retorna a Karlsbad para continuar sua formação no hospital militar, não muito longe das termas. Uma situação ideal. Ele e Rudolf podem se encontrar e aproveitam, juntos, das licenças e da disponibilidade de Toni no início da noite. Mas, em 20 de março de 1941, o jovem militar parte para seu novo local de serviço: Regensburg, na Bavária.

Rudolf continua a trabalhar como telhador para a empresa familiar Schieche e seu patrão está feliz com ele. Não desconfia que, na mesma época, a polícia criminal de Karlsbad interroga, desde 8 e 10 de março, Josef e Raimund, contra os quais são feitas acusações de "luxúria antinatural". Presos arbitrariamente, eles são levados ao limite e obrigados a citar nomes. Mesmo que o nome de Rudolf não tenha sido mencionado, os investigadores estão em seu encalço. Depois de fazer algumas verificações e interrogatórios, a polícia criminal de Karlsbad decide convocar Rudolf à delegacia.

No começo da tarde de 1.º de abril de 1941, uma terça-feira, Rudolf atende à intimação da Kriminalpolizei. Vai ao posto a pé, com certa apreensão. Ainda se lembra da última vez que teve de prestar contas à Kripo: foi em Leipzig, em 1937, o que deu em seis meses de prisão... Ao chegar ao local, é rapidamente atendido pelo *Kriminalsekretär* Peyer em sua sala,

---

[37]. Habitantes do Banato, antigo território da Áustria-Hungria.
[38]. Enfermeiro de primeira classe.

que explica a Rudolf o motivo de sua intimação, ou seja, a investigação sobre Raimund, suspeito de cometer "luxúria antinatural". Rudolf é de início ouvido como testemunha e instado a dizer a verdade antes que seu interrogatório tenha início.

De acordo com a transcrição de seu depoimento, Rudolf começa descrevendo seu percurso desde a chegada aos Sudetos, o tempo que passou com a Westböhmische Volksbühne – o grupo de teatro –, depois a retomada da atividade de telhador, em 1939.

Ele declara conhecer de vista esse homem calvo de 35 a 38 anos, de um metro e sessenta e cinco de altura, que almoça ocasionalmente na casa da senhora Kaptor desde o verão de 1940. Mas não o reviu nos últimos tempos e afirma também não saber que ele se chama Raimund. Rudolf nega ter sido convidado a passar na casa dele e, para terminar, afirma que é "normal sexualmente", acrescentando ter relações sexuais normais com Erna, uma amiga que também mora no bairro de Drahowitz.

Peyer fica em dúvida e decide confrontar imediatamente Rudolf e Raimund. Este confirma: "Eu o conheço da casa da senhora Kaptor, mas achava que ele se chamasse Schmuzahl.[39] Ele me disse um dia que gostava muito de ir ao cinema. Eu lhe disse que poderia muito bem acompanhá-lo [...] e ele me prometeu várias vezes me levar, mas nunca cumpriu a promessa. Um dia [...], devia ser mais de 11 horas da noite, eu já estava deitado, e ele bateu na minha casa e eu o deixei entrar. Não pratiquei atos antinaturais com ele".

Diante disso, Rudolf responde: "Eu me lembro agora que uma noite – a que horas exatamente não sei mais – eu bati na janela dele. Ele olhou para fora, veio abrir a porta e entrei em sua casa. Só fiquei pouco tempo lá. Nunca aconteceu nada de sexual entre ele e eu, naquela noite ou em qualquer outro momento. Eu não sou homossexual".

O *Kriminalsekretär* Peyer, que manda datilografar o depoimento deles, não pode deixar de notar em seus comentários que, "a despeito do

---

39. Isso pode ter sido uma manobra de Raimund para não entregar de pronto ao investigador o nome de Rudolf Brazda.

pedido feito à Brazda de que dissesse toda a verdade antes do seu interrogatório, ele continua mentindo".

De posse da condenação judicial anterior de Raimund por "luxúria antinatural", Peyer extrapola. Para ele, é muito pouco provável que nada de sexual tenha acontecido entre os dois na noite em que se encontraram na casa de Raimund.

Quando a Rudolf, sua afirmação de que não é homossexual não parece digna de crédito. Ele dá "verdadeiramente a impressão de ser um deles", escreve a seu respeito, sem precisar o que lhe permite fazer tal comentário. E basta para que Rudolf passe a ser vigiado. Peyer acrescenta ao relatório do depoimento que "nada de suspeito foi encontrado" sobre Rudolf e que não se conhecem seus antecedentes criminais em Karlsbad. O texto termina laconicamente com *Haft!* – ou seja, detenção!

O funcionário da polícia está, contudo, consciente de que as evidências contra Rudolf são fracas e que não vai poder retê-lo indefinidamente na delegacia. Aliás, pensa em liberá-lo no dia seguinte, após um último interrogatório. A gota d'água... Rudolf, mais uma vez maltratado, pressionado a dizer se teve relações antinaturais com Raimund ou outro homem, desmorona... Acaba por confessar sua condenação anterior na Alemanha por "luxúria antinatural", mas suaviza o depoimento ao afirmar que depois não foi mais para esse lado.

Já é tarde. Peyer obteve o que queria. A partir daí, tudo vai se acelerar inexoravelmente para os três suspeitos. A detenção de Rudolf Brazda é prolongada de imediato e a verificação começa. Tanto com as autoridades de Altenburg quanto em Karlsbad.

A revista de seu quarto, realizada no mesmo dia, não traz nada de novo. Contudo, o depoimento de Erna, sua pretensa namorada, no dia seguinte, arrasa Rudolf. A polícia a interroga diante de um Rudolf muito encabulado. Erna declara que o conhece desde o verão de 1939 e o encontra regularmente. Sem dúvida eles se abraçaram e se beijaram, mas jamais passaram disso, "[...] porque eu não queria antes do casamento", afirma ela. "Ele sempre aceitou minhas recusas, ainda que tenha tentado várias vezes. Estou disposta a jurar que nós jamais tivemos relações sexuais."

A situação é humilhante para Rudolf, não somente com relação à sua amiga, mas também porque agora está claro que ele mentiu no primeiro depoimento. Ele havia afirmado que mantinha relações sexuais "normais". Indagado sobre o motivo dessa mentira, ele responde:

– Se eu disse isso, foi para que não achem que eu tenho orientação homossexual. Quero ter paz!

– Desde o início o senhor mentiu para nós! E o que o senhor quer dizer com "quero ter paz"? – pergunta o policial.

Envergonhado, Rudolf responde simplesmente:

– Vou dizer toda a verdade: confesso que nesses últimos anos tive relações homossexuais com diferentes homens cujo nome desconheço.

Ele diz que se sente mal. Erna é liberada. O depoimento, que se estende por mais de uma hora, é adiado. Retoma-se o interrogatório depois do almoço, e o novo depoimento de Rudolf é anotado em detalhe. O zeloso Peyer lhe pergunta se está se sentindo melhor e se está em condições de realizar essa entrevista formal. A resposta afirmativa de Rudolf é expressamente anotada no início da página.

Reinicia-se tudo: Rudolf informa sobre seu estado civil e sua família, sua infância, seus estudos e sua relação com Werner. De acordo com o depoimento, somente a masturbação mútua constava entre suas práticas sexuais. "Algumas vezes aconteceu de eu ter relações sexuais normais com mulheres", Rudolf faz questão de especificar, antes de falar de sua primeira condenação em Altenburg. E prossegue. Após uma breve menção à sua experiência nos Sudetos, ele fala de sua relação com Anton, conhecido como Toni, do encontro deles em Sodau, do primeiro passeio a Aich, onde Rudolf o seduz segurado-lhe a mão e o beija pela primeira vez. Sim, eles se viram regularmente após esse passeio, uma ou duas vezes por semana, passaram juntos os fins de semana, antes de se instalarem na mesma casa.

"No decorrer de nossos encontros, praticamos com frequência a masturbação mútua. [...] E continuamos a fazer isso regularmente [...] até o momento em que ele foi convocado para o exército." Entretanto, Rudolf minimiza o aspecto sexual de sua relação enquanto Toni estava no exército: "Não fui para a cama com Anton H., pois ele não queria. Além disso, ele trabalhava no hospital militar 22 horas. Sim, tive uma relação constante com ele. Quantas vezes exatamente praticamos esses atos antinaturais[40] antes da convocação dele? Não posso responder com precisão a essa pergunta. Durante o tempo em que ele trabalhou no hospital militar de Karlsbad [oito meses ao todo], nós talvez tenhamos praticado a masturbação mútua entre cinco e dez vezes no máximo".

Rudolf reconhece ter conhecido Raimund na casa da senhora Kaptor, mas afirma que a atração de Raimund por ele não era recíproca e que ele fugiu às suas investidas o máximo possível. Até esse dia de novembro, no qual ele passou bem tarde na casa de Raimund para se desculpar de sua falta de complacência.

O *Kriminalsekretär* torna-se cada vez mais inquisitivo e exige que Rudolf diga em detalhe o que aconteceu naquela noite entre eles. Rudolf responde: depois de entrar na casa de Raimund, ele se sentou para comer um pedaço de *Stollen*[41]. Nesse momento, Raimund teria acariciado sua coxa, antes de lhe tirar o pênis de dentro da calça para masturbá-lo. "Não houve ejaculação", afirma Rudolf para que constasse no relatório, "nem eu tirei a roupa". De início ele se entregou às carícias, mas, como não sentia atração por Raimund, teria mandado que este parasse: "Você bem sabe que eu já tenho um companheiro. Aprecio muito sua companhia, mas não para fazer essas coisas". Ele sabe que disse o contrário naquela mesma manhã, chegando mesmo a mencionar as relações que teve com vários desconhecidos, mas "foi para não denunciar o nome de Toni e Raimund e para não passar por delator". Rudolf, esgotado, conclui que se encontrava com Erna "para tentar me livrar do meu vício. Mas não consegui, porque amava muito Toni. Eu disse a verdade sobre todos os pontos e o confirmo com a minha assinatura". Como em todo depoimento escrito, ele faz sua rubrica após a menção usual: "Lido, aprovado e assinado".

---

40. Vale ressaltar que os "atos antinaturais" citados nos depoimentos se limitam à masturbação mútua. Os depoimentos de Rudolf e, mais tarde, os de Anton são concordantes no fato de que jamais teria havido outras formas de relação sexual entre eles.
41. Um bolo consistente, muito açucarado, consumido durante o período do Natal.

Seguro da confissão feita por Rudolf, Peyer ordena novamente uma confrontação com Raimund. Este corrobora a fala de Rudolf que o envolvia e também confessa que cometeu atos de "luxúria antinatural" com Josef. Confirma também ser a pessoa que ofereceu a Josef uma jardineira de azaleias. O depoimento atribui a ele estas palavras finais: "Se Josef N. negar a masturbação mútua entre nós, ele estará mentindo".

Em seguida, Josef também é tirado de sua cela para confrontação e corrobora sobriamente a declaração: "As informações fornecidas por Raimund [...] são exatas.

"Lido, aprovado e assinado".

As confissões de Rudolf Brazda provocam sua ruína e a de pelo menos mais três pessoas. Mas essas confissões foram em parte extorquidas por meio de intimidação: mais tarde, diante do advogado-geral de Eger, Rudolf reconhecerá ter mantido uma relação amorosa constante com Anton H., mas negará a segunda parte de seu testemunho, que se referia a Raimund. Rudolf não hesitará mais em acusar diretamente o *Kriminalsekretär* Peyer e sua obstinação em querer provar que Raimund e Josef mantinham relações antinaturais com vários indivíduos. Ele explicará ao magistrado como Peyer, que contava com o depoimento de Rudolf para fazê-los confessar, agiu para atingir seus objetivos. Embora isso não apareça de nenhuma forma em seus relatórios, Peyer havia dado a entender à Rudolf que, se ele teimasse em negar, estaria fadado a passar dois anos em um campo de concentração. Nessa época, Rudolf não sabe exatamente em que "consistem" os campos de concentração, mas os rumores a respeito deles são dissuasivos e produzem os efeitos desejados: ele suplica a Raimund que concorde com seu "testemunho" no momento de sua acareação na Kripo. Rudolf explicará ao advogado-geral que ele esperava evitar mais problemas cedendo às ameaças do policial. Na realidade, a armadilha montada pelo inspetor Peyer acabava de se fechar sobre os três acusados.

O funcionário da polícia analisa os depoimentos, destaca as incoerências e realiza contrainterrogatórios. Ao fazer isso, ele cumpre escrupulosamente seu trabalho. Se não há maus-tratos físicos durante os interrogatórios, ele lança mão de ameaças veladas e tentativas de conciliação. Peyer não hesita em usar métodos oblíquos: ameaça Rudolf de enviá-lo a um campo de concentração ou, ao contrário, ele pode dar o golpe da afeição, acariciando a mão de Rudolf para seduzir o homossexual à sua frente. Pouco importa se as confissões não correspondem completamente à realidade dos fatos. O resultado aqui está: no dia 3 de abril de 1941, Peyer obtém as confissões assinadas dos três suspeitos. Ele pode então se dar por satisfeito.

Menos de um mês após as interpelações de Josef e Raimund e uns poucos dias depois da confissão de Rudolf, Peyer conclui no relatório da investigação:

– os acusados se entregaram repetidamente a atos de luxúria antinaturais, o que ocorreu com vários indivíduos, ainda que Josef se empenhe em negar que teve relações com outros homens além de Raimund – o que não é crível aos olhos de Peyer;

– os acusados parecem ser indivíduos de moralidade duvidosa, arremedo de mentirosos no caso de Raimund e Josef, que só confessam quando confrontados com provas irrefutáveis.

Convencido de ter recolhido elementos suficientes para a acusação, Peyer envia os autos ao tribunal de instância, enquanto Rudolf e os dois outros acusados são postos em detenção provisória no presídio de Karlsbad.

Peyer deixa claro que não fez nada para encontrar Anton H., que servia o exército e portanto estava fora de sua jurisdição.

Antes de pedir a detenção preventiva de Josef, Raimund e Rudolf, a última providência do inspetor Peyer foi reunir as informações sobre os três acusados em um "formulário B", que será enviado ao *Reichskriminalpolizeiamt*, em Berlim, para informação e fichamento.[42]

---

42. Esse impresso serve para dar parte dos homossexuais objeto de queixa ao Escritório Central da Polícia Criminal do Reich, cuja sede, em um prédio administrativo da avenida Werderscher Markt, abriga a Central do Reich de Repressão à Homossexualidade e ao Aborto, entre outras repartições.

3

Eger

A INVESTIGAÇÃO ESTÁ PRATICAMENTE terminada e julga-se necessária a detenção preventiva dos três acusados. Para o *Kriminalsekretär* Peyer e as autoridades, é preciso evitar que "os acusados continuem a se entregar ao seu vício", que tentem desaparecer com as provas ou, pior ainda, que tentem avisar outras pessoas que também podem ficar alarmadas com a ação policial.

Enquanto aguarda os desdobramentos do caso no tribunal, Peyer solicita uma informação complementar a seus colegas de Arys, na Prússia Oriental (hoje Orzysz, na Polônia). É lá que mora um Claus cujos cartões-postais foram encontrados na casa de Josef. Em um dos cartões ele afirmava que a terapia lhe fizera bem de acordo com seus médicos, mas ele teve de confessar seus pecados e havia obtido a absolvição! Peyer quer ainda que Claus, como os outros, seja ouvido a respeito dessa passagem ambígua.

Esse fotógrafo tinha 54 anos no momento em que isso lhe aconteceu e estava casado havia cerca de cinco anos apenas. No depoimento tomado pelos policiais do local em que residia, ele declara ter conhecido Josef na Promenade[43] por ocasião de sua terapia em Karlsbad, no outono anterior. Em seguida, eles caminharam juntos com frequência e Josef o levou para conhecer o local. Claus confirma ter passado várias vezes na casa de Josef, mas sempre havia outras pessoas presentes. Além disso,

---

43. Nome da esplanada diante da colunata das termas.

ele nunca passou a noite lá. E mais, havia sido ele que um dia levou um buquê de flores [fato anotado e transmitido ao inspetor Peyer no decorrer da investigação] em agradecimento ao convite para tomar um café na casa de Josef. Mas também nessa ocasião duas mulheres de uma aldeia vizinha estavam presentes. Claus afirma, enfim, que não sabe se Josef é homossexual, pois este sempre se comportou de maneira correta com ele e nunca fez alusões absurdas, assim como nunca houve nada de homossexual entre os dois.

Enfim, não se deve ver uma alusão sexual no texto de seu cartão-postal, quando ele mencionou pecados confessados. Na verdade, tratava-se de uma invencionice, uma violação da prescrição médica: "Eu não me conformei com as exigências do médico e, durante a minha terapia, bebi vinho, o que, logo em seguida, contei à minha esposa".

No relatório que acompanha esse depoimento, o policial responsável comenta que Claus se casou muito tarde e viveu bastante tempo com o sócio de seu estúdio fotográfico. Ainda que não exista nenhuma prova no local, o investigador não exclui a possibilidade de que Claus possa ser homossexual, tendo em vista sua aparência e seu comportamento. Também acha suspeito Claus manter correspondência tão íntima com um homem que ele diz conhecer pouco.

Não sabemos se a implicação indireta de Claus nesse caso teve consequências para ele, mas, como podemos constatar, mais uma vez o policial não se preocupou em reunir provas para emitir uma opinião.

Em Karlsbad, o investigador Peyer comete um excesso de zelo: na margem do relatório de seus colegas de Arys, ele critica sua falta de profissionalismo. Na verdade, ele esperava que fossem mais precisos ao questionar Claus e que exigissem o nome de todas as pessoas, homens e mulheres, com quem ele disse ter tido contato por ocasião de sua terapia em Karlsbad. Peyer é muito mais meticuloso, pois conseguiu dos estabelecimentos termais as datas exatas da estada de Claus em Karlsbad e o número de seu quarto no hotel. Interrogou os porteiros do hotel sobre o comportamento de Claus, assim como sobre eventuais visitas masculinas. Mas não teve grande resultado.

E essas tardes com café e bolo na casa de Josef? Como é possível realizar algo assim durante um período de restrições impostas pela guerra? A opinião do *Kriminalsekretär* a respeito de Josef está selada. Para ele, tudo é típico desse indivíduo que prefere a companhia das pessoas que procuram as termas do que o exercício de uma profissão. E Peyer, que encara o caso como ponto de honra, está cada vez mais convencido de que Josef não pode ter cometido atos de luxúria antinatural só com Raimund.

Apenas três dias depois de intimado pela Kripo, Rudolf Brazda é encarcerado no centro de detenção preventiva de Karslbad, juntando-se algumas horas mais tarde aos outros dois acusados. Como com todos os detentos, um guarda preenche uma ficha descritiva: nome, características físicas, roupa utilizada ao chegar, além dos objetos pessoais. O mesmo formulário traz um aviso especial de que a correspondência recebida pode ser aberta oficialmente.

Desde o dia seguinte à sua prisão, Rudolf, Raimund e Josef se apresentam, um por um, diante do juiz de liberdades e seu escrivão. Após a verificação de sua identidade e da notificação dos fatos de que são acusados (atos passíveis de punição pelo parágrafo 175), o juiz lhes pergunta se eles têm algo para modificar ou acrescentar nas declarações feitas à polícia. Nesse dia, Rudolf está muito envergonhado, intimidado ou mesmo resignado para protestar contra as confissões duvidosas que Peyer extraiu dele mediante ameaças. Depois, o escrivão lê o mandado de prisão provisória que menciona claramente quando e com quem eles são acusados de ter praticado luxúria entre homens.

Cada um deles reconhece, em seguida, os erros que lhe são atribuídos, abdica de contestar a detenção provisória e depois assina o informe dessa rápida apresentação a um juiz. O documento é também assinado pelos dois funcionários da Justiça e tudo é transmitido no mesmo dia ao Ministério Público de Eger (atualmente Cheb, na República Tcheca), que deve decidir o prosseguimento da ação.

A máquina judiciária começa a funcionar: o escritório do advogado-geral requer um resumo das pastas de cada um dos detentos. Paralela-

mente, uma cópia dos autos é enviada ao comando do hospital militar de Regensburg, onde Toni serve, com a requisição expressa de que ele seja ouvido e possa responder às alegações feitas por Rudolf a seu respeito.
Alguns dias depois, Toni é ouvido por um juiz militar em Amberg, na Baváría. Ele confirma que conhece Rudolf, concorda com as circunstâncias de quando se conheceram e afirma serem bons amigos, nada mais do que isso. Nega qualquer outra forma de relação com Rudolf. Infelizmente para Toni, a cópia dos autos dos três outros acusados talvez tenha convencido o juiz a colocá-lo também em detenção provisória, enquanto espera que o Ministério Público de Eger volte a se manifestar.
Em 26 de maio de 1941, Rudolf e seus dois outros companheiros de infortúnio são transferidos no final do dia da prisão de Karlsbad para a de Eger, a cerca de 50 quilômetros de distância. O Ministério Público deve debater sobre o proveito de um processo, mas a transferência dos três não é de bom agouro. Três dias depois, Toni junta-se a eles, enviado de Regensburg. Abriu-se uma ação judicial contra ele com o aval de seu comando militar. Seu caso, a princípio distinto dos outros, será tratado conjuntamente com o dos demais acusados.

No início de julho, mais de um mês após a chegada deles a Eger, o advogado-geral, acompanhado de um escrivão, vai à penitenciária para ouvir os quatro indivíduos. Ele quer que se redija o auto de acusação para depois transmiti-lo à câmara penal do tribunal.
Com base nos resultados da investigação da polícia criminal e nas declarações que lhe foram dadas, o representante do Ministério Público manda escrever um auto preciso e mordaz, do qual seguem alguns trechos:

São acusados de luxúria antinatural entre homens ou de se deixar envolver nesses atos:

1) *Rudolf Brazda, telhador, solteiro*
   a) *com Anton H.: repetidamente, desde a Páscoa de 1939 até março de 1941, com uma interrupção. Juntos, eles esfregaram as partes genitais desnudas até a ejaculação;*

b) com Raimund M.: por quem ele se deixou masturbar o membro despido e em ereção até a ejaculação, em novembro de 1940, na casa deste.

2) Raimund M., empregado do comércio, casado
a) com Rudolf Brazda: cujo órgão genital despido e em ereção ele masturbou até a ejaculação, procurando com isso sua satisfação sexual, em novembro de 1940 em sua casa;
b) com Josef N.: com quem ele praticou ao menos duas vezes a masturbação mútua esfregando os genitais, do final de fevereiro ao começo de março de 1941, com a intenção de repetir esses atos posteriormente.

3) Josef N., vendedor, solteiro
com Raimund M., com quem ele praticou a masturbação mútua em sua casa ao menos duas vezes do final de fevereiro ao início de março de 1941.

4) Anton H., enfermeiro militar de primeira classe, solteiro
com Rudolf Brazda, com quem ele manteve uma relação amorosa durante a qual eles esfregaram seus genitais despidos até a ejaculação, desde a Páscoa de 1939 até a primavera de 1941.

Eu solicito:
1) a abertura de uma ação judicial na câmara penal do tribunal de Eger;
2) a execução do encarceramento desses homens, motivada pelos fatos que lhes são imputados.

[assinatura]
Advogado-geral

Além da acusação, o advogado-geral volta aos resultados da investigação. Ele faz declarações amargas a respeito dos acusados:
– Rudolf Brazda (cuja primeira condenação, há seis meses, por causa de fatos similares "não o impediu de continuar a se entregar a seu vício"),

confessou sem rodeios sua relação antinatural com Anton H. Se ele agora nega a acusação de luxúria com Raimund M., o advogado-geral vê nisso uma manobra do interessado visando a fazer crer que "suas práticas sexuais lascivas não se limitam a um único parceiro com as mesmas tendências. Desse modo, ele quer fazer crer que só participa de maneira marginal da propagação desse mal contagioso que é a luxúria antinatural".

– Raimund M. também é reincidente e sua personalidade se caracteriza por completa inconstância moral. Apenas alguns meses depois de sair da prisão "por uma pena que deveria ter-lhe despertado a consciência para a abominação de seus atos, ele cedeu de novo às suas pulsões sexuais degeneradas". Se ele tenta agora negar suas práticas de luxúria com Brazda, é por crer que sua melhor estratégia de defesa é a negação total dos fatos, como já revelam os autos de seu processo anterior em Brüx. Além disso, suas relações com Josef N. estão confirmadas legalmente [pelas confissões desse último]. Todos os dois agiram de comum acordo, de maneira intencional e repetida cada vez que a ocasião se apresentava.

– Josef N. "acabou por confessar depois de ter-se empenhado em negar suas relações lascivas com Raimund. Seus atos não revelam um caráter pontual, pois tudo leva a crer, pelo contrário, que eles pertencem a uma continuidade e devem ser interpretados como atos repetidos. Tanto mais que a correspondência encontrada no domicílio de Josef N. faz pensar que ele mantinha relações homossexuais com um círculo de homens bem mais amplo, ainda que não tenha sido possível fazê-lo reconhecer esse fato".

– Anton H., depois de a princípio ter desmentido sua implicação no caso por meio de Brazda, reconheceu ter praticado luxúria com este, "sob a forma da masturbação mútua durante todas as duas ou três semanas antes de sua incorporação na Wehrmacht, [...] depois entre cinco e oito vezes no momento de sua arregimentação em Karlsbad. [...] Ele parece ter agido de modo intencional e repetido".

A justiça militar competente consente que ele seja julgado por uma jurisdição civil.

Algumas semanas mais tarde, os juízes da câmara penal aceitam as petições do advogado-geral.

Assim como no auto de acusação e respeitando os procedimentos, essa decisão é anunciada individualmente aos quatro acusados durante sua detenção, da mesma maneira que a seus advogados e ao inspetor Peyer, citado como testemunha.

A audiência principal é marcada para 5 de setembro de 1941, às 9h30, no tribunal de Eger – e será pública.

O segundo processo

SE HOJE RUDOLF NÃO TEM MUITAS lembranças de seu processo em Eger, o veredito pronunciado em nome do povo alemão revela que os juízes Egermann, Nowoczek e Messerschmied deram razão ao advogado-geral em todos os enquadramentos. Depois de três horas de audiência, eles condenaram cada um dos quatro acusados a penas de prisão de vários meses por delitos contra os bons costumes. Foram reprovadas as práticas sexuais antinaturais entre pessoas do mesmo sexo com intenção manifesta de repeti-las.

No momento de determinar a duração das penas, o tribunal justifica a severidade das sentenças: não somente a luxúria entre homens representa um delito "extremamente repugnante e abominável" como também "as práticas sexuais lascivas entre pessoas do mesmo sexo, e sobretudo entre homens, mostram-se muito perigosas no quadro político e social". Com relação a todos os acusados, "o caráter repetitivo e perene desses atos repreensíveis foi considerado agravante", particularmente no caso de Raimund e Rudolf, que são reincidentes, além de esse último ter seduzido Toni.

Como atenuantes foram levados em conta a atitude arrependida dos acusados no momento de sua confissão e, no caso de Toni, não ter antecedentes criminais e o fato de que foi seduzido por Brazda.

Os acusados recebem as seguintes penas de prisão:
– Rudolf Brazda: um ano, por suas repetidas relações com Anton H., e quatro meses, por sua infração momentânea com Raimund M., totalizando 14 meses a pena acumulada;

– Raimund M.: oito meses, por suas relações (pelo menos duas vezes) com Josef N., e cinco meses, por sua infração pontual com Brazda, totalizando 12 meses a pena acumulada;

– Josef N.: dez meses por suas relações (pelo menos duas vezes) com Raimund M.;

– Anton H.: oito meses por suas relações consecutivas com Rudolf Brazda, que o seduziu e o levou a cometer esses atos.

Seu arrependimento é considerado para deduzir das penas a maior parte do tempo que eles já haviam cumprido em detenção preventiva.

A audiência termina às 12h35 e os condenados são levados para sua cela na prisão, que se encontra nos fundos do tribunal. As penas serão cumpridas, mas nenhum dos quatro acusados ficará nessa prisão até o final da sentença. Cada um será transferido, mais ou menos rápido, para outro estabelecimento penitenciário. Um mês depois, Raimund e Josef deixam Eger, respectivamente para as prisões de Zwickau e Bautzen, enquanto Toni, convocado em novembro pelo comando militar, cumprirá o restante da pena sob regime de isolamento em uma prisão disciplinar da Wehrmacht em Torgau-Brückenkopf, no Sul da região da Saxônia.

Durante seu encarceramento em Eger, Rudolf é designado para reparos e manutenção nos prédios do tribunal e da prisão. Pode até fazer pequenas compras na cidade a pedido da equipe penitenciária. Como em Altenburg, ele desfruta uma relativa liberdade de movimento dentro do edifício. Quando executa reparos sob os telhados, ele aproveita às vezes para escutar as audiências que se desenrolam logo abaixo. Para fazer isso, usa as aberturas dos canos de aquecimento. Por sorte, um dos guardas da prisão, Oswald, é parente distante de Toni. Hoje Rudolf afirma, com uma ponta de travessura, ter-se beneficiado da cumplicidade desse guarda, que se virou para que os dois amantes pudessem se encontrar a sós no mesmo cômodo, ao menos uma vez, antes de Toni deixar Eger.

A situação não vai tão bem com o diretor do estabelecimento, que odeia os homossexuais. Quando tem oportunidade, ele não deixa de insultar Rudolf em público. As sanções são arbitrárias. Para os condenados por homossexualidade, o diretor tem uma de que gosta particularmente: que os prisioneiros durmam nus nas celas individuais. Ele está convencido de que o frio acalma o desejo dos detentos e de que a coberta suja e puída que cobre o leito não basta para mantê-los aquecidos.

"Fico revoltado quando recordo meus anos de cativeiro impostos por esses crápulas nazistas! E tudo isso por quê? Por causa dos atos considerados 'antinaturais'. O que eles sabem da natureza? E da minha natureza, aquela que eu não escolhi?... Confesso ter nutrido um ódio especial pelo diretor da prisão de Eger, esse calhorda que nos fez passar por todo tipo de humilhação. Após a guerra, fiquei indeciso de passar ou não por sua casa, em Eibenstock, de onde ele era, para lhe quebrar a cara. Mas, por fim, pensei que outros sem dúvida tinham se ocupado dele durante o período de desnazificação, e eu deixei pra lá..."

É assim que Rudolf encara atualmente essa época de sua vida.

No que se refere ao destino dos três outros condenados, sabemos com certeza que Toni, depois de libertado da prisão em Torgau, foi reincorporado à sua antiga unidade na Bavária. Posteriormente, ao menos duas vezes os autos de seu processo serão solicitados por seu comando. Não podemos ignorar que sua condenação em Eger tenha contribuído para que ele fosse mandado para a tão temida frente russa, onde foi feito prisioneiro por ocasião da derrocada nazista que se iniciou nessa região em 1943.

O paradeiro de Raimund e de Josef se perde depois de terem saído da prisão. Do primeiro, sabemos simplesmente que integrou a Wehrmacht. O segundo sairia três semanas antes do término de sua pena, beneficiando-se de liberdade condicional com acompanhamento de quatro anos.

Rudolf Brazda também é transferido para Zwickau, mas apenas em fevereiro do ano seguinte. Ele passa aí os quatro últimos meses de sua pena, que termina em 5 de junho de 1942. Contudo, suas preocupações não terminam: ele é imediatamente atingido por uma medida de *Schutzhaft* reivindicada pelas autoridades policiais de Karlsbad, informadas previamente da iminência do fim de sua pena. A medida tem efeito imediato e atende à diretriz de Himmler de 12 de julho de 1940, relativa aos homossexuais que "seduziram mais de um parceiro".

Rudolf é, então, reenviado a Karlsbad e posto à disposição da Kripo. Seguem-se transferências de uma prisão a outra, até um sábado de agosto, quando o destino final o espera na estação ferroviária de Weimar. Com outros companheiros de infortúnio desembarcados do trem, Rudolf toma lugar num caminhão de transporte de tropas, que se dirige para o topo da colina de Ettersberg, a alguns quilômetros dali...

parte 4

1

Campo de concentração de Buchenwald — 8 de agosto de 1942

ATADOS UNS AOS OUTROS, 50 NOVOS detentos são desembarcados do caminhão que os transportou da estação de Weimar por cerca de dez quilômetros. Entre eles, 38 *Schutzhaftlinge*[44] (36 dos quais com sobrenome de terminação russa ou ucraniana), quatro criminosos comuns, quatro poloneses e quatro homossexuais, inclusive Rudolf.

Situado no topo da colina de Ettersberg, Buchenwald não é visível para quem olha de baixo. O nome significa "floresta de faias", sem dúvida para dissimular a brutalidade do local. Para chegar lá, há uma só estrada através de uma densa floresta, a qual desemboca num amplo terreno desmatado. É uma esplanada em meia-lua de onde se irradiam prédios de habitação de três andares – as casernas do pessoal da SS[45]. A leste, a fábrica de armamentos Gustloff. Ao norte, a ala carcerária. Ao sul, a pedreira.

E, para os dirigentes da SS e sua família, há pequenas casas bem bonitas. Elas têm um charme campestre e são cobertas de telhas. Nas proximidades, o complexo *Falkenhof*, local para treinar falcões, construído por ordem do próprio Himmler e transformado em moradias vigiadas para políticos importantes. Também para as famílias dos oficiais da SS há um

---

44. Detentos de segurança. Veja também a nota 36.
45. Schutzstaffel: de início, o esquadrão de proteção ou guarda próxima de Hitler. Após a proscrição de Röhm e da SA em 1934, a SS se torna uma verdadeira organização administrativa e militar paralela dentro do Estado nazista. Buchenwald também será durante a guerra um ponto de apoio estratégico para o braço armado da SS, a Waffen-SS.

zoológico, povoado por poucos animais, entre eles ursos, confiscados dos ciganos, segundo se diz – e há ainda um picadeiro de equitação ao lado de uma estrebaria. Todas essas instalações se espalham por cerca de 200 hectares.

Para os prisioneiros, a descoberta de Buchenwald começa pela ala carcerária: o *Schutzhaftlager*[46], um espaço cercado de arame farpado eletrificado, com três quilômetros de comprimento por três metros de altura. Quarenta hectares margeados de floresta com "*Blocks*" – cerca de 60 barracões – e prédios de serviço: cozinha, lavanderia, "cantina", despensas, prédios de médicos e crematórios, aos quais se somam uma horta, estufas e estábulos, que garantem provisões sobretudo para as tropas da SS estacionadas no local.

É dentro desse enorme cercado, com um leve declive para o norte, que os detentos ficam confinados o dia inteiro. Só se pode entrar pelo grande portão principal – uma construção térrea de alvenaria, medindo cerca de 50 metros de comprimento. À esquerda, o bloco de celas ou *Bunker*[47]; à direita, uma ala administrativa. O centro é mais alto, com uma construção de madeira de dois andares encimada por um relógio. Na parte de baixo, a grade dá para uma imponente praça de chamada, de quase dois hectares. Baixa e relativamente estreita, essa grade permite que passem cinco prisioneiros lado a lado entre duas fileiras de SS armados. Na ferragem da porta central vê-se a inscrição "*Jedem das Seine*" (A cada um o que merece). Em Buchenwald, as coisas são claras; os presos estão lá para expiar seus erros e devem contar apenas consigo mesmos. Será que aqueles que falam alemão têm consciência do alcance dessas palavras? Rudolf não dispõe de tempo para se questionar. Preso aos outros, ele é conduzido ao interior do *Lager*.

Qualquer novato não entra no campo sem primeiro passar pela desinfecção. Essa é a regra e não existe exceção. Acabam de retirar os ferros dos prisioneiros, que agora devem se despir e deixar os pertences pessoais.

---

46. Campo de detenção de segurança. [N. E.]
47. A prisão disciplinar.

Mas que fiquem tranquilos: seus objetos serão cuidadosamente cadastrados e conservados. Que importância tem isso para Rudolf, que chegou só com uma camisa de troca? É tudo que lhe resta dos últimos meses passados na prisão. Ele acompanha a movimentação e agora está nu como veio ao mundo para ter os pelos raspados da cabeça aos pés. Os outros prisioneiros designados para essa tarefa recebem ordens estritas: raspar a cabeça, mas também as axilas e o púbis, além de qualquer parte com pelos. Em seguida vem a desinfecção propriamente dita, em uma enorme cuba cheia de uma solução de cresol. Só se pede que eles avancem em fila e se afundem no líquido um após o outro. Os SS olham tudo aquilo com um ar de maldade e se aproveitam do espetáculo humilhante. Um deles aproxima-se da cuba a ponto de notar que Rudolf, que acaba de entrar nela, usa ainda um pequeno crucifixo de ouro em uma correntinha, que lhe é arrancada violentamente: "Nada de beatos por aqui!"

Esse crucifixo era, contudo, o último objeto pessoal que ele tinha – um presente de Toni. Rudolf se revolta de vê-lo confiscado dessa maneira, mas não está em situação de protestar. "Prenda o fôlego!", diz de repente o mesmo SS, antes de afundar a cabeça de Rudolf no líquido e mantê-la submersa. Rudolf se debate e engole desinfetante. Quando, enfim, o SS deixa de fazer pressão, Rudolf consegue sair penosamente da cuba. Ele fica com uma náusea extrema e vomita, sob as risadas dos senhores do lugar que assistem à cena. Começa o lento processo de desumanização.

Rudolf mal tem tempo de se recobrar e é novamente empurrado para a fila com os outros. Ele deve prosseguir. Na sala seguinte, entregam-lhe o uniforme de prisioneiro, bem rudimentar: cuecas, uma calça, uma camisa e um boné, feitos de um tecido muito fino branco listrado de azul-claro. Nada de sapatos. Eles recebem simplesmente tamancos de madeira. Depois de vestir o uniforme, ele assina os documentos de entrada: uma ficha geral de informações que o classifica de homossexual, com a menção de suas duas condenações anteriores e os motivos (§ 175). Nessa ficha, ele deve indicar o endereço de um parente próximo, e ele dá o de sua mãe, que passara a morar em Mumsdorf. Tudo se completa com uma ficha destinada à descrição dos objetos pessoais e outra para os objetos que acabaram de lhe entregar: uma toalha, um pano, uma marmita, uma colher e um copo para higiene bucal.

Rudolf acaba de entrar no ventre do *Schutzhaftlager*. Após essa etapa, ele será conduzido ao seu barracão. Após os prédios de ingresso, na parte mais baixa do campo, o que ele vê é impressionante: fileiras de barracões nos quais são amontoados os presos – construções de oito metros de largura por cerca de 50 de comprimento. Há dois níveis, de alvenaria. Mais acima, à medida que a entrada se aproxima, os barracões são de madeira e só têm um piso. Estão dispostos em dez fileiras paralelas, ligeiramente curvas. Em cada um deles, de um ou dois pisos, o andar é dividido em duas alas simétricas, tendo no centro um lavatório simples com grandes pias de metal. A água não é aquecida, mas ao menos existe. Cada ala tem uma sala comum espartana com mesas e bancos. É aí que os prisioneiros fazem as refeições. Em seguida vem o longo dormitório, com cerca de 12 metros e contendo beliches militares metálicos. Sobre o colchão, um lençol, uma coberta e uma almofada de serragem. O dormitório abriga em torno de 80 pessoas.

Quanto às latrinas, elas são velhas e sujas. Numa extensão de uns cinco metros, uma fossa com uma borda murada. Lá dentro, uma viga sobre a qual os presos se sentam, sem separação, para defecar. O fedor é insuportável, sobretudo para os que ainda não tiveram tempo de se acostumar. Da primeira vez, os mais sensíveis costumam vomitar de repugnância.

Os SS entram muito pouco no *Schutzhaftlager*, exceto para fazer as chamadas. No resto do tempo, a parte de dentro e a de fora são vigiadas do alto de 22 torres de guarda ou mirantes, que balizam a cerca eletrificada, ou por patrulhas no caminho externo de ronda. Porque no interior do *Schutzhaftlager* os prisioneiros são os guardas deles mesmos.

Buchenwald... Assim como os outros campos de concentração, ele está sob a responsabilidade da SS e de seu chefe, o *Reichsführer SS* Heinrich Himmler. É um presídio, um lugar de aniquilação pelo trabalho, mas não faz parte dos seis campos localizados nos confins dos territórios administrados pelo Reich[48], designados, a partir de 1942, para servir ao extermínio em massa das populações perseguidas – principalmente os judeus, mas também os ciganos. O número de deportados judeus ainda em Buchenwald diminui rapidamente a partir desse ano, quando Himmler faz valer sua vontade de eliminar a presença judaica nos campos de concentração no território do Reich: dos cerca de 1.400 judeus registrados no final de julho de 1940, permanecem pouco mais de 800 no final de maio de 1942. A maioria deles partirá de trem para Auschwitz no outono, condenados a uma morte quase certa. Restam apenas 234 homens apontados para trabalhos de construção – uma presença judia que representa então apenas 1% dos presos do lugar, e isso até o ano de 1944. Também não há mulheres. Buchenwald recebe principalmente os deportados pela repressão: os adversários políticos e outros indesejáveis, como Rudolf, todos eles atingidos por uma medida de *Schutzhaft*.

A partir desse mesmo ano de 1942, o campo de Buchenwald se amplia na ocupação geográfica e na população: do ponto de vista administrativo, ele se transforma num *Stammlager* – "campo-tronco" ou campo principal –, ao qual são progressivamente incorporados 136 *Aussenlager* – "campos satélites" –, cuja população varia de dezenas a vários milhares de presos. Buchenwald transforma-se, assim, em campo de trânsito. Aí, os detentos passam pela desinfecção e pelo registro antes de ser enviados a outros campos. Em 1945, contam-se ainda 89 campos satélites em funcionamento, espalhados por todo o Reich e representando uma população carcerária duas vezes maior que a do campo-tronco. Deve-se colaborar com mão de obra diretamente para a indústria bélica ou para trabalhos civis – por exemplo, remover escombros das zonas frequentemente bombardeadas, como na região industrial do Ruhr. Entre esses campos satélites está o de Dora, transformado por inteiro em campo de concentração em 1944.

---

48. Auschwitz-Birkenau, Treblinka, Sobibor, Chelmno, Maidanek e Belzek, localizados no que havia sido a Polônia e segundo o "regulamento da questão judia" para a "solução final".

Na noite do dia 8 de agosto de 1942, contando os 50 recém-chegados, inclusive Rudolf, e os 27 que partiram, o número total de presos em Buchenwald sobe para 9.141. A administração faz a contabilidade com minúcia e precisão particulares. A cada prisioneiro cabe uma variedade de fichas de estado civil, saúde, pertences pessoais, de contabilidade – detalhando as quantias de dinheiro recebidas pelo correio, assim como os saques realizados pelo beneficiário –, estatísticas de trabalho etc.[49]

---

49. Esses documentos ainda existem e são guardados pelo Serviço Internacional da Cruz Vermelha, em Bad Arolsen, perto de Kassel, na Alemanha.

2

Matrícula 7952 – triângulo rosa

ENQUANTO OS RECÉM-CHEGADOS SOVIÉTICOS são mandados para o *Block* ou barracão 30, Rudolf e outros são conduzidos ao barracão 2, contíguo à praça de chamada. Reunidos na sala comum do barracão, eles recebem a ordem de costurar na camisa e na calça de seu uniforme um pequeno triângulo colorido e um número impresso em uma tira de tecido branco. Esse número é sua nova identidade para a administração do campo. Rudolf não é mais que a matrícula 7952. Antes dele, o mesmo número havia sido usado por dois poloneses, transferidos para outros campos, e por mais dois provenientes do Reich, que morreram em Buchenwald. Assim, ele é o quinto que o usa.

Acima dessa matrícula deve-se pôr o pequeno triângulo feito de tecido colorido. Um triângulo de poucos centímetros de lado, usado com uma ponta para baixo e costurado na camisa, na altura do coração. A cor depende do motivo da detenção. A matrícula 7952 antes se referia a triângulos de cores diferentes: primeiro, o vermelho dos prisioneiros políticos (os dois poloneses), depois, o preto dos "antissociais, resistentes ao trabalho" e o verde dos "criminosos profissionais" (os dois últimos portadores da matrícula). Para Rudolf, a cor é rosa, escolhida para estigmatizar a homossexualidade. Um sistema de classificação bem simples, com uma particularidade para os presos judeus: para eles é uma estrela amarela, às vezes uma estrela de duas cores (um triângulo amarelo e um triângulo com a cor correspondente a um segundo motivo de deportação).

Fora o número de matrícula, um triângulo ou uma estrela, a roupa do prisioneiro é complementada à vontade. Nas costas, acrescentam-se quase sempre outros símbolos ou inscrições: "reincidente", "acompanhamento disciplinar", "suspeito de querer fugir" – sem esquecer o NN dos prisioneiros *Nacht und Nebel*[50].

Rudolf agora faz parte de uma pequena quantidade de deportados por homossexualidade. E, como é de praxe para todos os detentos que não provêm do Reich[51], uma letra designando sua nacionalidade – T de tcheco – foi carimbada com tinta indelével no centro de seu triângulo rosa. Houve certa confusão no registro. Os responsáveis por essa tarefa não sabiam onde classificar essa pessoa que falava perfeitamente o alemão e chegara sem documento de identidade. Rudolf teve de explicar que vinha da Tchecoslováquia, mas, como sua língua materna é o alemão, sua nacionalidade foi primeiramente registrada com as abreviaturas D ou DR – de Deutschland e Deutsches Reich –, tais como as aplicadas aos oriundos do Reich. A retificação da nacionalidade será efetuada em seguida em certas fichas taxonômicas: um risco feito a mão completado por *Tscheche* (tcheco) serve de emenda. Mas a ambiguidade perdurará muito tempo.

Matrícula 7952, triângulo rosa, barracão 2. Rudolf deve aprender as regras desse novo ambiente carcerário. Lá dentro, o *Schutzhaftlager* funciona quase por autogestão, administrado por uma hierarquia capitaneada pelo *Lagerälteste* (o mais velho do campo), seguido por dois assistentes. Vêm em seguida os *Blockältesten* (os mais velhos do barracão) e um grande número de responsáveis intermediários: os *Kapos*[52] e os contramestres, que supervisionam as equipes de trabalho durante o dia.

---

50. Literalmente, "noite e névoa". Esse novo tipo de deportação surge no início de 1942. Trata-se de pessoas expulsas das fronteiras do Reich – sobretudo para a França –, cuja prisão e envio ao campo não são comunicados a ninguém. Havia muito poucas em Buchenwald. Paradoxalmente, a maioria dos deportados – Rudolf inclusive – não estava lá em segredo. O envio e o recebimento de cartas e mesmo de pacotes com alimentos eram permitidos, mas com certos limites.
51. Exceção feita aos judeus, a partir de 1942, qualquer que fosse a sua nacionalidade.
52. Chefes de grupo ou de unidade.

Rudolf terá de se submeter a essa hierarquia, que tem equivalente na administração da SS do campo, à qual deve prestar contas. O mais velho do campo é responsável perante o comandante; o mais velho do barracão, perante um *Blockführer*, e os *Kapos*, em geral perante os *Kommandoführer*. Arquitetado e instituído pelos oficiais da SS, esse sistema tem diversas vantagens para eles: permite não só reduzir a necessidade de pessoal de vigilância, mas também garante o relativo bom funcionamento da estrutura. Responsável perante a administração da SS, a hierarquia prisional é passível de sanções pesadas, que podem até chegar à execução se houver falhas. Para um preso, ser nomeado a um cargo de responsabilidade representa uma função perigosa. Esses "funcionários do campo" são considerados pelos outros prisioneiros agentes disciplinares da SS. Ao mesmo tempo, para os SS, eles são executores, dos quais podem se livrar a bel-prazer, desde que avaliem que eles desempenham mal sua tarefa. Portanto, é do interesse do prisioneiro a quem se delega certa autoridade – e consequentemente alguns privilégios – que tudo corra bem...

Nesse sábado, sua primeira noite no campo, Rudolf não consegue dormir. Teve um primeiro contato com aquela hierarquia ao conhecer seu *Blockältester*. O mais velho do barracão 2 recebeu os novatos, observando que mantenham o uniforme em ordem e mostrando-lhes seu leito. Também ele anunciou as regras vigentes em Buchenwald, começando pelo horário das duas chamadas diárias, que dão ritmo à vida no campo e durante as quais cada decano presta contas dos ocupantes de seu *Block*. Ele deve avisar previamente sobre qualquer mudança – chegada, saída, morte, transferência – que altere a chamada anterior. As ausências injustificadas podem ter consequências desastrosas, motivo pelo qual ele toma todas as medidas possíveis para evitá-las.

O *Blockältester* lembra os novatos de que ele tem autoridade e quase direito de vida ou morte sobre todos os prisioneiros do seu barracão – para o caso de algum deles pensar em dar uma de esperto. Quanto ao resto, eles descobririam sozinhos bem rápido...

No domingo 9 de agosto, Rudolf deve se apresentar para atendimento médico. Após a desinfecção do dia anterior, a outra regra sanitária é a vacinação obrigatória contra o tifo, por injeção, e contra a disenteria, por via oral. A promiscuidade fomenta epidemias, e a administração do campo teme seus efeitos sobre os prisioneiros. Aqui, os detentos são, antes de mais nada, a mão de obra escrava para a indústria bélica, e a administração da SS quer tirar o máximo proveito. As doenças demoradas e outros empecilhos ao trabalho são, portanto, inimagináveis ou então tratados de modo "radical". Existe um acompanhamento minucioso, como exige a administração do campo. Uma ficha médica, criada por necessidade da enfermaria, e uma lista de vacinas aplicadas permitem verificar o estado de saúde do prisioneiro: o peso, registrado várias vezes por ano, a enumeração dos problemas de saúde que recomendam dias de repouso etc. O prontuário de Rudolf traz datilografada, na data de sua chegada, a frase "diz que nunca esteve gravemente doente".[53]

Feitos os exames médicos, Rudolf começa a descobrir sua nova prisão. No interior do campo, em meio a centenas de outros deportados, ele não consegue ignorar os métodos de dissuasão empregados pelos SS contra os prisioneiros: na praça de chamada, estes são submetidos a uma punição muito temida, uma variação da *Baumhängen* (literalmente, "suspensão em uma árvore"). Com os dois pulsos amarrados às costas e içados para o alto, os supliciados se contorcem num sofrimento atroz. Essa punição, particularmente dolorosa, costuma deslocar os ombros dos infelizes. À volta de Rudolf, nesse domingo, único dia de repouso semanal, os detentos perambulam pelos caminhos do campo, permanecem nos alojamentos ou ainda na praça de chamada, aparentemente indiferentes ao espetáculo que se desenrola diante de seus olhos.

---

53. Seu prontuário informa também que ele foi radiografado em 1944 (sem indicação do motivo) e, além disso, assinala alguns dias de repouso, consequências de uma gastroenterite, em setembro de 1942, e de uma gripe, em fevereiro de 1943.

3

A pedreira

COMO OUTROS CAMPOS DE CONCENTRAÇÃO, Buchenwald não foi implantado por acaso. Os projetos faraônicos de Hitler para certas cidades grandes do Reich demandavam uma quantidade enorme de pedras. A prospecção geológica influenciava na escolha do local de implantação, pois, além do aspecto puramente repressivo, os campos de concentração visavam tirar proveito de mão de obra escrava, quase gratuita. Mas frequentemente os filões considerados interessantes se revelavam aquém das expectativas. Era o caso da pedreira de Buchenwald. A pedra calcária, que de início se pensava usar em Weimar, era de má qualidade. Todas as estimativas de rentabilidade econômica haviam sido abandonadas. Assim, a pedreira transformou-se em passagem obrigatória de caráter punitivo e dissuasivo. Adquirira a reputação de ser um verdadeiro inferno, com razão. A apenas 500 metros da entrada do *Schutzhaftlager*, a pedreira encontra-se na vertente sul da colina de Ettersberg, em um plano mais baixo que as moradias da guarnição dos Waffen-SS. A colina foi escavada em cerca de 200 metros de comprimento e 15 metros de profundidade. O trabalho dos prisioneiros consiste essencialmente em coletar as pedras arrancadas da encosta rochosa e carregar os vagonetes, que são puxados até o topo da rampa de acesso. Chegando lá, as pedras são trituradas em pedaços menores por outros presos, munidos de simples picaretas e marretas. O material obtido é posto à disposição de construtoras, que vão ao campo para pegar o carregamento em caminhões. O mais comum é que as pedras sirvam a outros grupos de trabalhadores, encarregados de aterros e da edificação de dependências no campo.

Depois de esvaziados, os vagonetes voltam a descer por trilhos mal instalados na encosta. É um trabalho de força bastante difícil de suportar e perigoso para os prisioneiros, explorados por quase 11 horas seguidas. O tempo de trabalho só diminui no inverno, quando os dias são mais curtos. Ele é realizado apenas com força humana, sem auxílio mecânico ou de animais. Os vagonetes, com várias centenas de quilos, são carregados a mão e depois puxados. São necessários uns 15 homens para puxar um único vagonete pela rampa, em terreno instável, o que torna a tarefa ainda mais árdua. Os prisioneiros, calçados somente com tamancos grosseiros de madeira, têm grande dificuldade de se equilibrar no chão. Suas roupas habituais, inadequadas, não os protegem nem do frio nem das intempéries. Quando chega o inverno, as frieiras são frequentes. A subnutrição soma-se a tudo isso; portanto, as feridas são inevitáveis. Fraturas, esmagamento, perda de membros... Todos sabem: o destino dos mutilados que não podem mais trabalhar está selado pelo *Revier*. Raramente os feridos graves saem vivos dessa "enfermaria".

Todos os recém-chegados ao campo começam a vida de trabalhos forçados com uma passagem obrigatória pela pedreira. É um modo de fazê-los compreender os rigores do regime de prisão ao qual devem se submeter. Trabalham junto com prisioneiros disciplinares, aqueles cujas condições de detenção foram endurecidas porque não respeitaram as regras de disciplina ou porque simplesmente pertencem às categorias dos *Rassenschander*[54] ou dos homossexuais.

Essas condições já insuportáveis e desumanas são agravadas pela brutalidade dos superiores hierárquicos, particularmente do *Kapo* que tem autoridade na mina. Mesmo existindo dúvidas sobre a pessoa, na lembrança de Rudolf, esse *Kapo* era Johann Herzog. Esse alemão, antigo legionário, foi vítima de detenção de segurança quando voltou à Alemanha. Desembarcado em Buchenwald em maio de 1939, ele usa o triângulo vermelho dos

---

54. "Poluidores da raça" – os transgressores das leis raciais de 1935, as quais proibiam certos tipos de relacionamento entre arianos e não arianos, em função da ascendência pessoal.

"políticos" e subiu os degraus da hierarquia instituída pelos nazistas entre os prisioneiros até obter o controle da mina. Isso representa dezenas de pessoas sob suas ordens – ou melhor, sob sua vontade. Herzog escolheu seus agentes entre os "verdes"[55] e é com gosto que eles massacram os prisioneiros. Para o *Kapo*, puxar os vagões carregados de pedras deve ser forçosamente uma tarefa para os prisioneiros mais desprezíveis. Ele reserva essa tarefa ingrata sobretudo aos judeus, que odeia de maneira especial. Para acelerar o ritmo, os contramestres fizeram varas com galhos de árvores, multiplicando os golpes nas costas e nas pernas dos infelizes muito lentos no batente.

Todavia, o grande prazer do *Kapo* está em punições mais radicais. A pedreira se situa fora da ala carcerária do campo. Aí, nada de arame farpado. Não é necessário. Existe uma delimitação representada pelo caminho externo de ronda – a grande *Postenkette*[56], patrulhado por guardas armados da SS, enquanto outros vigiam das torres acima da pedreira. Existe uma proibição expressa aos prisioneiros de se aventurar, pelo motivo que seja, além da *Postenkette*. Caso contrário, a punição é imediata: são abatidos sem aviso. Essa norma é muito prática para se livrar definitivamente de qualquer um. Ele sabe disso e abusa da autoridade. Como aconteceu com um prisioneiro judeu que infringiu as leis raciais ao ter relações com arianos. O *Kapo* da pedreira reprovava nele a falta de rapidez. E ele era um *Rassenschander* para os nazistas. Duas boas razões para empurrá-lo para lá da *Postenkette*. A resposta da guarda foi imediata. Um tiro mortal... Os SS tinham olho vivo para identificar essas situações. Isso quando não eram avisados antes. Entre os deportados circulava o rumor de que um prisioneiro morto por "tentativa de fuga" renderia um prêmio àquele que conseguisse matá-lo.

Rudolf não escapa da pedreira. Ele deve andar na linha, como todos os outros. Um de seus colegas lhe explica como é o trabalho ali. Uma roti-

---

55. Cor do triângulo que assinala os "presos comuns" (pessoas com antecedentes criminais por ao menos duas condenações).
56. O cinturão de vigilância e caminho de ronda.

na imutável: acordar antes das 5 horas, fazer uma higiene rápida e tomar o café da manhã. Pão, um pouco de margarina ou salsicha, acompanhados de uma bebida com malte para substituir o café. Em seguida, vem a chamada na praça, primeiro por barracão e depois, ao sinal de um apito, por *Kommandos* – grupos de homens reunidos por profissão ou atividade. Em filas ordenadas, ao som de uma banda de presos tocando marchas, os presos se dirigem a seu local de trabalho diário. Eles então passam pela grade principal, onde se encontra o lema infame.

Para Rudolf, que acaba de chegar, o destino é a pedreira: pôr com a mão as pedras e o cascalho nos vagonetes, antes que outros presos comecem a puxá-los até o topo da rampa. Quando a noite chega, os prisioneiros formam de novo as filas para voltar para o *Schutzhaftlager* e a segunda chamada do dia. Não é raro que tragam nas costas uma pedra que servirá ao pavimento ou à fundação de um prédio no *Lager*. Ou que levem um morto por causa de exigências da hora da chamada. É o corpo de uma vítima de acidente de trabalho ou da brutalidade do *Kapo*. Com frequência trata-se de um companheiro de infortúnio "abatido ao tentar fugir", para utilizar a fórmula administrativa consagrada. Às vezes, é um prisioneiro que abandonou o instinto de vida ou, numa última escapatória, realmente tentou fugir... Também pode ser o corpo de um trapaceiro, um preso surpreendido tentando roubar comida de um de seus camaradas – falha punida impiedosamente pelo *Kapo* da pedreira assim que tem conhecimento dela. Ele ordena que o prisioneiro saia da fila e, com um gesto brusco, tira seu boné: "Você quis privar o seu colega de comida, como se a sua vida valesse mais que a dele. Então, o caminho está traçado para você!" Ele pega o boné e arremessa-o para lá do caminho de ronda: "Agora, vá buscar!"

Dilema cruel para o ladrão de comida. Obedecer, pegando seu boné depois da *Postenkette* – onde a probabilidade de escapar das balas dos guardas é mínima –, ou voltar para o campo, de noite, sem o boné – pior ainda. Aí ele sem dúvida sofrerá o castigo de golpes de bastão sobre o cavalete. Ele é imobilizado no chão pelos tornozelos, com o restante do corpo elevado, e mantido de boca para baixo sobre o cavalete por uma correia de couro – e os SS se encarregam de lhe dar a gana de não mais usar o uniforme. Com as nádegas para cima, ele mesmo deve contar o número de golpes de bastão que recebe. Em geral, são 25, sem mencionar aqueles acrescentados arbitrariamente. Após esse suplício, o detento será incapaz de trabalhar por vários dias... se não morrer em razão da violência dos golpes que lhe terão sido impingidos nos rins. E o que dizer do olhar dos outros? De seus colegas do *Block* de quem ele roubou? Assim, diante do impensável, o prisioneiro geralmente prefere tentar a sorte e pegar seu boné... Todos sabem que essa opção será fatal e que ele não passará de um cadáver a mais para carregar para a contagem noturna.

No final do dia, os prisioneiros, esgotados, voltam para o seu barracão. Servem-lhes uma sopa rala e um pedaço de pão, antes de uma última higiene com água fria. As luzes não demoram a se apagar. Às 21 horas, apenas duas lâmpadas de baixa intensidade continuam a iluminar o interior dos dormitórios até a aurora.

Embora não se duvide que Rudolf trabalhará na pedreira, é difícil determinar por quanto tempo. Ele se recorda muito pouco da pedreira; lembra-se simplesmente de que, nos primeiros dias, antes de cair no sono, se perguntava quanto ainda aguentaria nesse inferno e se o dia seguinte seria o último de sua vida. Todos têm consciência de que a vida não vale muito aos olhos dos SS ou do *Kapo* da pedreira.

De algum modo, Rudolf, em sua infelicidade, teve sorte. Esse *Kapo* reparou em Rudolf e, por mais incrível que isso possa parecer, ele se afeiçoou a ele, não sem perceber o leve jeito afeminado de Rudolf. Explica-se: a ausência de mulheres no campo frustra muitos homens, que "se viram" entre si. É humano e Rudolf representa então esse compromisso. Apesar dos riscos, o jovem, sob o pretexto de fadiga e medo de ser machucado, ousa repelir as investidas do *Kapo*. Surpreendentemente, não há represálias. Ao contrário, atribuem a Rudolf uma tarefa menos árdua, muito provavelmente no outono de 1942. Ele se torna enfermeiro do barracão da pedreira, onde são feitos os primeiros socorros aos acidentados. Trata-se de cuidados simples – desinfecção e curativos – dispensados aos detentos que se feriram por causa de um movimento em falso ou foram atingidos pela queda de pedras.

Em dezembro de 1942, quando se anunciam os reveses militares na frente russa, a Alemanha se apronta para entrar em "guerra total"[57], e cada vez mais parece necessário empregar melhor a mão de obra dos campos de concentração para o esforço de guerra. Portanto, deve-se preservar a capacidade de trabalho dos prisioneiros. Até Himmler ordenou a Hermann Pister, o comandante do campo, que a punição do cavalete, particularmente incapacitante, "só seja utilizada em última instância".

Os prisioneiros ficam à disposição dos *Kommandos* dos campos satélites, e a necessidade de mão de obra qualificada para a manutenção do lugar se torna cada vez mais urgente. Rudolf, cuja profissão era fazer telhados, é então designado para o *Bauhof Kommando*[58]. Depois da enfermaria, ele integra uma equipe de cerca de 15 telhadores, entre os quais Fernand e Gustav.

---

57. Oficializada por Goebbels em discurso de 18 de fevereiro de 1943. A economia nacional é inteiramente mobilizada para a guerra.
58. "Grupo de construção e manutenção". O nome de Rudolf aparece pela primeira vez em abril de 1943 em uma das listas guardadas pelo Serviço Internacional de Pesquisas da Cruz Vermelha de Bad Arolsen.

4

O telhador

A JORNADA TÍPICA DE UM TELHADOR não difere praticamente nada daquela que Rudolf conheceu no *Kommando Steinbruch*, na pedreira. Faça chuva, vento ou neve, o dia continua pontuado pelas duas imutáveis chamadas: de manhã, perto das 6 horas, e no final do dia, às 18 horas. Em filas cerradas na praça de chamada, os presos são agrupados por barracão. À frase "*Mützen ab!*", todos batem o boné ao lado da perna. Parados em posição de sentido, esperam o final da contagem para recolocar o boné e voltar rapidamente para seu *Kommando* ou barracão. A jornada de trabalho ocorre entre as duas chamadas.

A nova designação significa para Rudolf a mudança de barracão. Ele é transferido para o *Block* 30. Aí também Rudolf é um dos raros triângulos-rosa, mas dessa vez ele está junto de uma maioria de triângulos-vermelhos, os deportados políticos. Por sorte. Comenta-se que são menos violentos que os *Berufsverbrecher*, os "criminosos profissionais", ou triângulos-verdes. Rudolf teve oportunidade de observar o comportamento dos triângulos-verdes na pedreira[59] e a brutalidade deles não se limita a esse lugar.

Ele agora já sabe das rivalidades entre essas duas grandes categorias de presos para ascender aos postos-chave da hierarquia dos prisioneiros. Rudolf sente ecos da *Häftlingskrieg*, essa "guerra dos prisioneiros", que se trava nas sombras. Mas, para os deportados homossexuais, nada de pretender um lugar nessa hierarquia. Na maior parte do tempo rejeitados e

---

59. Veja a nota 55.

excluídos pelos colegas, eles nunca conseguem tomar partido. Ainda que não se possa generalizar, o número diminuto de homossexuais, somado à diversidade das origens sociais e às convicções políticas ou religiosas diferentes, impede qualquer solidariedade coletiva. Eles não têm peso algum diante dos comunistas, dos social-democratas, das testemunhas de Jeová ou dos grupos nacionalistas que se apoiam mutuamente. Pior: para os SS, os triângulos-rosa ocupam o lugar mais baixo na hierarquia de prisioneiros, junto com os judeus, os roms e os sinté[60, 61].

Nessas circunstâncias, Rudolf se dá bem. Sua profissão e suas afinidades comunistas agradam a muitos. Rapidamente ele é aceito por seus colegas deportados políticos. Isso não evita certas mesquinharias da parte de alguns deles, por preconceito ou ciúme, mas Rudolf não se importa. Contam somente as amizades e a solidariedade.

Entre os presos comunistas está Gustav W., seu *Kapo* na unidade de telhadores do *Kommando Bauhof*, e Fernand, originário da Alsácia, que precisou germanizar seu nome para Ferdinand, como todos os alsacianos integrados ao Reich. Rudolf e Fernand têm tido a oportunidade de trabalhar juntos sob as ordens de Gustav.

Esses dois novos "colegas" e amigos de Rudolf foram condenados ao campo de concentração por atividades políticas antifascistas – Fernand, como antigo combatente nas Brigadas Internacionais, na Espanha, e Gustav, por haver participado de organizações comunistas na Alemanha.

Nascido em 1905 em Essen, na região industrial do Ruhr, Gustav começou a aprender a trabalhar com telhados aos 14 anos. Seguro de suas convicções comunistas, ele entrou muito cedo para a RJ e a RFB[62]. Esta era um braço paramilitar e quase miliciano do Partido Comunista Ale-

---

[60]. Segundo obras de Wolfgang Röll, historiador e conservador do Memorial de Buchenwald.
[61]. Roms (ou romas) e sinté (ou sintis) são denominações de povos ciganos ainda hoje utilizadas na Europa. [N. E.]
[62]. Rote Jungfront (Frente da Juventude Vermelha) e Roter Frontkämpfer Bund (Aliança Vermelha de Combatentes).

mão, que se opunha às tropas de assalto dos partidos adversários, sobretudo a SA nazista. Fundada em 1924, a RFB fora proibida em 1929 pelo governo da República de Weimar. Isso não demoveu Gustav. Acusado da primeira vez em 1927 por um delito menor de danos à propriedade por ter colado cartazes, ele manteve a vida de ativista quando não estava no trabalho. Em janeiro de 1931, uma revista da moradia em Essen que ele dividia com seu padrasto, também militante, encontrou seis armas e munição. A polícia descobriu ainda um periódico considerado de alta traição, e principalmente um fichário com 1.053 nomes de membros da RFB, que se tornara uma organização clandestina.

Apresentado a uma jurisdição de primeira instância, Gustav foi julgado alguns meses depois em Leipzig pelo Reichsgericht, mais alta corte do país. Com uma condenação a dois anos em prisão de segurança máxima por alta traição, terminou de cumprir a pena em janeiro de 1933, poucos dias antes de os nazistas assumirem o poder. Por seus antecedentes criminais e ações políticas, não houve surpresa em sua nova prisão em menos de três meses, vítima da repressão aos comunistas. O governo nazista recém-empossado os acusara falaciosamente do incêndio do Reichstag[63], em 27 de fevereiro. Condenado mais uma vez por uma jurisdição de exceção em Hamm, Gustav recebeu cinco anos de prisão em penitenciária federal. Pouco depois de concluída a segunda sentença, ele foi deportado para Buchenwald, aonde chegou em 24 de maio de 1938 com seu irmão mais novo. Após sete anos de encarceramento no total, ele se preparava para outros sete anos num campo de concentração.

Rudolf gosta desse sujeito e respeita suas convicções. Pouco importa que Gustav tenha tido preconceito contra os homossexuais. Era outro o lugar, era outra a época em que ele jogou um gato morto em putrefação num salão de dança frequentado por homossexuais em Essen. Só conta daqui por diante essa humanidade com que ele trata os subordinados. Aqui ele é *Kapo*. Deve satisfação aos SS. Responde por seus homens e conhece os riscos de não obedecer às regras. Contudo, não tem medo de

---

63. O Parlamento alemão. [N. E.]

estar profundamente implicado na rede clandestina de ajuda mútua que os comunistas de Buchenwald criaram. Foi ele quem escondeu um camarada com os braços deslocados pelo castigo da *Baumhängen*. Sem poder trabalhar, teria sido condenado à morte se não fosse protegido pelo *Kapo* dos telhadores. Gustav se empenhou em escondê-lo durante o dia, para que a incapacitação do colega não fosse notada pelos SS. É isso, entre outras coisas, que o fez ganhar o respeito de seus homens.

Rudolf sabe também que sua situação aqui, entre os trabalhadores de telhado, significa uma melhora notória em seu cotidiano. Tem consciência da sorte de ocupar esse posto e estar sob a autoridade de um *Kapo* que comprova sua humanidade. O ofício de telhador lhe permite não só desfrutar a *Arbeitszulage* – meia ração suplementar concedida todos os dias aos operários do *Bauhof*[64] –, mas também usufruir certa liberdade de movimento. Munidos de caixa de ferramentas e uma carteirinha de identidade bem rudimentar emitida por um administrador da SS, os telhadores são relativamente pouco vigiados durante a jornada de trabalho. A possibilidade de trabalhar nas alturas, seja no topo das unidades de produção, no interior do *Schutzhaftlager*, seja nas cercanias das residências dos altos funcionários da SS, dá-lhes uma vista panorâmica do campo. Isso lhes permite espiar o que acontece no interior dos prédios dos setores a que são chamados. Rudolf torna-se, assim, testemunha privilegiada e fortuita de cenas da vida do campo. Frequentemente encarapitado nos telhados de diferentes prédios, ele depara, um dia, com o olhar de Léon Blum, que estava atrás de uma janela da mansarda da *Falknerhaus*[65], onde foram construídos quartos, e observava Rudolf trabalhar lá fora. Blum chegara em 1943, e Rudolf havia tido notícia da presença dele e de outros ex-políticos franceses importantes em Buchenwald. A informação fora transmitida por testemunhas de Jeová que prestavam serviços domésticos na

---

64. Ao analisar os dados de sua ficha médica, constatamos efetivamente que Rudolf ganha peso a partir de 1943.
65. A casa da falcoaria, transformada em residência vigiada para políticos importantes.

Falknerhaus, mas Rudolf não poderia imaginar um dia ver, em tais circunstâncias, esse famoso francês na Alemanha.

No complexo do campo, o trabalho sobre os telhados da fábrica de armamentos Gustloff II propicia um encontro surpreendente a Rudolf. Para voltar ao chão, ele precisava passar por dentro do prédio. Ofuscado pelo sol de meio-dia, ele se assusta com um "espectro" que surge da penumbra. Era, na verdade, o primeiro negro que Rudolf via na vida. Seria um combatente americano capturado? Ele não pode responder, mas não é impossível que seja um homem nascido de mãe ou pai alemão com uma pessoa negra e qualificado como *Rassenschander* pelo regime nazista.

Às vezes os telhados dos prédios do campo de Buchenwald servem também para observar eventos trágicos.

Fernand e Rudolf, que não habitam o mesmo barracão, simpatizaram um com o outro muito rapidamente. Rudolf está encantado com esse alsaciano que não teve medo de assumir sua preferência pelo comunismo e pegou em armas na Espanha contra os franquistas. Para Fernand, Rudolf é um jovem agradável e cativante que deve ser protegido. Eles se encontram nas mesmas obras, como nesse dia de 1943, em que trabalham sob a abertura de iluminação do telhado de uma antiga cocheira, ao lado de um salão de adestramento. O lugar está totalmente deserto. De repente, vários SS entram correndo. Os dois trabalhadores não têm tempo de descer e sabem que, para continuar vivos, não podem se mexer. Imóveis, escondidos sob o telhado, deitados de bruços no forro do teto, eles não conseguem desgrudar os olhos da cena que se desenrola logo abaixo. Não devem fazer um ruído, para não denunciar sua presença. Os SS usam jalecos brancos, prestes a realizar exames de saúde em prisioneiros que descem de um caminhão. Pelos uniformes, são soldados soviéticos. Não sabem que vivem seus últimos instantes...

Durante a encenação de um exame de chegada, a fim de não provocar pânico, os soviéticos se despem e seguem, um a um, em direção ao outro lado da construção. Lá, onde se faz primeiramente uma inspeção dentária, o último dos médicos SS conduz o prisioneiro a um cômodo com fita métrica na parede. A parte móvel da fita desliza por uma abertura diminuta, fechada por uma janelinha do outro lado da parede, onde se escondem dois SS armados de pistolas. Quando o detento está bem ereto junto à parte graduada, o médico que faz a mensuração dá uma batida na parede. A portinhola se abre rapidamente por detrás e um dos atiradores mata friamente o prisioneiro com um tiro na nuca. O corpo é, em seguida, retirado do cômodo e jogado sobre outros corpos no quarto ao lado. É hora de limpar os vestígios de sangue para que outro soldado soviético seja levado ao cômodo.

A imagem gravada até hoje na memória de Rudolf é a de uma profusão de sangue escorrendo dos cadáveres. Ele inunda as canaletas do chão cimentado. Em seguida, os corpos são postos num caminhão e levados ao crematório. Tudo isso dura talvez uma hora, com pequenas pausas entre cinco ou seis execuções... Fernand e Rudolf acabam de assistir secretamente a uma das numerosas execuções pelo *Genickschussanlage*[66].

Depois de o alto comando da Wehrmacht ter promulgado, no início de junho de 1941, a ordem de executar os comissários políticos soviéticos, a eliminação sistemática de funcionários superiores e de médio escalão do Partido Comunista entrou na ordem do dia, e isso antes mesmo da invasão da União Soviética pelos exércitos do Reich, durante a Operação Barbarossa. Em Buchenwald, os soldados executados são prisioneiros de guerra provenientes de um campo vizinho, geralmente denunciados por seus carcereiros.[67]

Espantosamente, Rudolf assiste àquela cena sem grande apreensão. Era o resultado do processo de desumanização nos campos: "Acabamos nos habituando à ideia de poder morrer a qualquer instante. Não tínhamos medo de morrer e, se fôssemos pegos, poderia ter sido fatal. Ver gente morrendo nos deixava quase indiferentes, pois isso era constante no cotidiano. Hoje, choro toda vez que me lembro desses instantes terríveis, mas na época eu endureci para sobreviver... como os outros".

---

66. Literalmente, o "sistema de tiro na nuca". Posteriormente, essas execuções sumárias de prisioneiros soviéticos, menos frequentes, ocorreram no subsolo do crematório.
67. Por virem de outro campo de concentração, essas vítimas jamais foram computadas pela administração de Buchenwald. Até hoje não se sabe o nome delas. As pesquisas realizadas fixam o número total de vítimas em cerca de oito mil. Segundo testemunhas, podiam chegar a 400 por dia.

5

Grandezas e desgraças do gênero humano

O CAMPO É SINÔNIMO DE DESUMANIZAÇÃO, de humilhação. Ninguém está livre das vexações e da arbitrariedade dos SS. Isso começa pela linguagem: em primeiro lugar, o lema do campo – *A cada um o que merece* –, eminentemente conciso, e mais claro impossível: os prisioneiros são culpados, sem dúvida. Para os SS, não passam de animais, de pássaros. Quando um número de matrícula é convocado pelo alto-falante, a ordem costuma ser assim: "O pássaro número tal é chamado ao portão de entrada imediatamente!" E há os insultos próprios para cada categoria, facilmente identificadas pela SS pela cor do triângulo: os *Himmelkomiker* – cômicos do céu – para os *Bibelforscher* (testemunhas de Jeová) ou o termo *Arschficker*[68] para os homossexuais.

Ainda assim, a linguagem era o que havia de menos terrível. Rudolf, que é telhador, exerce um trabalho braçal de manutenção dos prédios do campo. Isso o poupa de certos serviços que outros homossexuais devem suportar. Quando não são empregados em tarefas particularmente árduas ou degradantes, eles são utilizados como cobaias humanas. As "experiências médicas" se multiplicam, assim como os desaparecimentos repentinos dos triângulos-rosa. Como dois jovens que nem tinham 25 anos. Diz-se que eles não resistiram às experiências praticadas durante pesquisas sobre a difteria. Tratava-se de experimentos clínicos com vivos.

---

68. Veja o glossário. [N. E.]

Além disso, os homossexuais são as presas preferidas especialmente para as experiências do médico dinamarquês Carl Vaerner. No final de 1944, esse clínico geral, nazista convicto, vem testar tratamentos de "inversão da polaridade sexual" com os homossexuais. Sua especialidade? O implante de uma glândula artificial na virilha do sujeito para liberar hormônios aí. Ele tem esperança nos efeitos positivos sobre a preferência sexual de suas cobaias.

Há ainda um padeiro de Drahowitz – o antigo bairro de Rudolf em Karlsbad – com o qual este cruzou um dia no campo, por acaso. Tinha sido acusado de querer seduzir um de seus jovens aprendizes. Essa queixa o levara para o campo – uma deportação de curta duração, pois ele seria vítima de uma execução rápida por injeção letal. Não se pode "brincar" com a acusação de relações antinaturais com um menor de idade.

Rudolf faz de tudo para evitar esses horrores. Trabalha com vontade de satisfazer. Além das experiências, ainda há as sevícias e a diversão dos SS. Como aconteceu com um rapaz proveniente de Erfurt. Enquanto limpava em volta do canil, ele foi puxado de lado violentamente por um guarda SS. Sem motivo aparente, o guarda o agarrou e lhe afundou a cabeça num tonel de recuperação de água da chuva. Para terminar, ironizou com agressividade: "E agora, você não gostaria também de ser fodido pelos cachorros?" Rudolf, que presenciara o incidente, não teve coragem de ficar para ver e seguiu seu caminho.

Há também o caso de cinco jovens monges de um mosteiro da Renânia. Tinham sido acusados de práticas homossexuais dentro da instituição religiosa. Esse tipo de acusação, na maioria das vezes infundada, fora empregada com frequência pelos nazistas por ocasião dos "processos dos conventos". Na segunda metade dos anos 1930, usava-se tal argumento no contexto da propaganda que tentava gerar antipatia na comunidade católica contra o clero. Apenas dois dias após a sua chegada ao campo, receberam uma convocação para ir à *Revier*, a enfermaria militar. Os monges foram liquidados com injeção letal.

E há ainda o belo jovem que mutilou os próprios olhos. O mais velho do barracão lhe designara o leito junto ao de Rudolf, para que este cuidasse do rapaz. Mas Rudolf não pôde fazer nada. O jovem, assustado com os terríveis rumores de maus-tratos nos campos de concentração, usara a tinta de uma caneta para destruir os olhos pouco antes de sua transferência para Buchenwald. Ele achava que o dispensariam dos duros trabalhos dos prisioneiros e que passaria o tempo convalescendo na enfermaria. Sua convocação à *Revier* foi imediata, assim como a injeção letal. Em Buchenwald, a mão de obra devia ser eficiente, não um fardo.

Como Rudolf e os outros conseguem aguentar? Há as sevícias, as crueldades. Mas há também, para o bem da saúde, para a sobrevivência deles, as amizades sólidas, a solidariedade, a ajuda recíproca e a humanidade, que sobressaem em meio à barbárie. E há Fernand e Gustav. O *Kommando* dos telhadores recebeu alguns prisioneiros judeus para a realização de tarefas abjetas, como aquecer o betume utilizado nos telhados. Rudolf sabe que se sua *Arbeitszulage* é mais ou menos suficiente para a sua necessidade alimentar, o mesmo não ocorre com os judeus. Estes não desfrutam de rações extras. Muito pelo contrário. Apesar dos riscos, Rudolf faz um trato com um dos *Kapos* da horta para pegar alguns legumes. Às vezes, quando não há o suficiente, ele usa seu dinheiro para comprar um pouco de flocos de aveia na "cantina" do campo. Essa "loja", onde se pode encontrar coisas que melhoram o cotidiano, é uma bênção quando se tem com que pagar. Rudolf pode se dar a esse luxo e, assim, ajudar os outros. Em setembro de 1942, recebe 67,15 marcos pelo correio.[69] Essa quantia e o seu *Lagergeld*[70] lhe permitiam comprar alimentos, cigarros ou todo tipo de apetrecho. Ele sabe que enriquece os SS, mas é por uma boa causa. Com todos os ingredientes que consegue pegar discretamente, Rudolf cozinha escondido, com maior frequência sopa. Toda vez que a sopa é distribuída, um de seus companheiros judeus, originário de Bruxelas e nascido em uma

---

69. Rudolf não sabe atualmente dizer de onde veio esse dinheiro. Mas pode ter vindo de seu antigo patrão em Karlsbad ou de sua mãe.
70. Espécie de moeda de uso interno no campo recebida pelos detentos, geralmente a título de prêmio.

família rica, o interpela: "Senhor Rudi! O senhor deve ir me visitar em Bruxelas quando sairmos daqui. Eu lhe arrumarei um bom emprego lá em casa!" Rudolf sorri. Talvez não tivesse recusado, mas esse homem sucumbiria antes da libertação.

Com essa ideia da sopa, Rudolf sente ganhar asas. Ele havia reparado na forte emanação de calor produzida pelo aquecimento do betume. Então, assume um risco ainda maior. Convence um colega funileiro a lhe fabricar um forno improvisado. Uma simples caixa de zinco, bem rudimentar, tendo no interior uma placa que desliza horizontalmente. Um tubo pego da casa de aquecimento é colocado sobre o conjunto. Obtendo o efeito desejado, Rudolf utiliza todos os ingredientes que conseguiu reunir (farinha, batatas, margarina, cascas), pretendendo fazer, bem ou mal, um bolo. O resultado final não é digno de um confeiteiro, mas a alegria partilhada por todos aqueles que puderam prová-lo não tem preço.

Rudolf sobrevive no campo e começa até a "se firmar" em Buchenwald. Não sofre mais maus-tratos dos guardas, com exceção de um terrível incidente que poderia ter-lhe custado a vida. No final de uma tarde, enquanto anota o trabalho efetuado no dia em uma barraca do canteiro de obras, ele escuta gritarem do lado de fora: "A que *Kommando* pertence esta barraca?" Sem se preocupar em averiguar quem havia feito a pergunta, Rudolf responde com impertinência, esquecendo-se de onde se encontra: "Está escrito na porta!"

Ele nem imagina que acaba de se dirigir a um oficial da SS. Furioso, o soldado se lança para dentro da barraca e, com um chute violento, derruba Rudolf da cadeira. Mal ele se levanta e recebe um soco na cara, que o faz novamente desabar. "Quer dar uma de abusado, é? Vou lhe dar um motivo, você vai ver! Amanhã há um transporte para Dora e eu farei questão de vê-lo nessa viagem!"

O SS dá-lhe as costas e sai, depois de reparar em seu número de matrícula. Apavorado, Rudolf sangra no rosto e percebe que perdeu três dentes incisivos. A dor começa a se instalar, mas ele nem tem tempo de se queixar da sorte. Sabe que as palavras do SS não são vazias.

Dora, foi o que ele o ouviu dizer! Esse anexo de Buchenwald foi implantado no final de agosto de 1943, a 80 quilômetros do campo principal, numa antiga mina perto de Nordhausen. Como os bombardeios da Força Aérea britânica mostraram que já se descobrira o local de produção dos detonadores dos foguetes V2, em Peenemünde, tornou-se necessário encontrar outro que o substituísse e estivesse ao abrigo dos ataques aéreos. Uma antiga mina serviria muito bem. A prioridade foi a ampliação da rede subterrânea. Durante essa fase de construção, os presos, cujo número chegaria a 15 mil em fevereiro de 1944, foram alojados nas galerias da mina, até serem transferidos progressivamente para barracões de madeira na superfície.

Em meio aos prisioneiros de Buchenwald, Dora tinha a justificada reputação de ser um *Kommando* da morte. De meados de dezembro de 1943 à metade de março de 1944, as mortes nesse *Aussenlager* representaram cerca de dois terços dos 3.122 detentos mortos no campo de Buchenwald e em seus satélites. Durante a fase particularmente mortífera de construção e avanço das obras, os cadáveres dos presos de Dora eram incinerados em Buchenwald. Rudolf viu com os próprios olhos num dia em que trabalhava no topo do prédio do crematório. A chaminé era o ponto culminante do campo. A procedência dos caminhões carregados de cadáveres não deixava dúvida. Os corpos transportados eram jogados no chão do pátio, depois empilhados sobre carroças e transportados para o crematório. Lá, sob um monte de cadáveres, ele reconheceu o corpo descarnado de um jovem prisioneiro, ex-SS acusado de atuar no mercado negro de combustível. Primeiro internado em Buchenwald, onde Rudolf o conhecera, foi em seguida transferido para Dora. Não sobreviveu muito tempo às condições extremas da detenção e do trabalho forçado. Suas cinzas, misturadas indistintamente às dos outros corpos, serviriam de adubo para a horta.

Rudolf está ciente de que a transferência para Dora significa uma morte rápida. Só a intervenção de Gustav pode evitar o pior. Quase refeito do incidente com o SS e ainda sujo de sangue, Rudolf corre à procura de Gustav, seu *Kapo*, que, ao vê-lo alarmado, escuta suas explicações. Não pode prometer nada, mas fará tudo para impedir a transferência dele. E consegue! Rudolf não sabe exatamente com quem Gustav conversou ou o que prometeu. Deve ter falado com os superiores e invocado a necessidade de manter um bom sujeito. Seus contatos na rede comunista de resistência dentro do campo devem ter tido participação no fato de que, no dia seguinte, a matrícula 7952 não constava da lista de prisioneiros enviados a Dora.

6

A sexualidade no campo

O TESTEMUNHO DE RUDOLF permite abordar o delicado tema da sexualidade em Buchenwald. Ainda hoje se costuma fazer uma associação entre a homossexualidade como motivo de deportação e as práticas homossexuais dentro dos campos. Segue-se um resgate da história e das experiências de Rudolf. A narrativa dele é complementada pelos resultados de pesquisas efetuadas por Wolfgang Röll, historiador do Memorial de Buchenwald.

Rudolf foi primeiro enviado para a pedreira, depois designado para a enfermaria e então convocado pelo *Kommando* dos telhadores. Rudolf foi tudo isso, mas sobretudo e antes de mais nada um triângulo-rosa.

Com 29 anos quando chegou a Buchenwald, ele figurava entre os presos mais jovens. A maioria tinha de 31 a 60 anos. Quanto aos deportados por homossexualidade, sempre representaram menos de 1%. Somavam 75 no final do ano de 1942 e 189 no final de 1944. Ao todo, de 1937 a 1945, cerca de 500 usaram o triângulo rosa[71]. Isso sem contar as outras centenas de homossexuais, marcados com o triângulo verde, colocados em *Vorbeugehaft* (detenção preventiva) ou tendo cumprido mais de uma pena de prisão; os triângulos negros, os antissociais, aqueles das prisões em massa de 1938; e, por fim, os homossexuais deportados por outro motivo que não a sua sexualidade. Estes não foram contabilizados no campo como deportados por homossexualidade.

---

71. Essa classificação só vigorou em Buchenwald a partir de maio de 1938.

Em Buchenwald, a estela inaugurada em 2006 para recordar o martírio dessas pessoas traz o número de 650.

Ao contrário dos judeus, os deportados por homossexualidade não são agrupados por barracão, mas dispersos pelo campo – um campo em plena mutação, cuja população cresce exponencialmente: de oito mil detentos em janeiro de 1943, o número passa a 26 mil dois anos depois e a quase 50 mil três meses mais tarde, em abril de 1945. Os prisioneiros estavam amontoados em um campo que em 1942 ainda não tinha nenhuma mulher. Essa promiscuidade imposta, à qual se somava a impossibilidade dos presos de levar uma vida sexual normal, pode explicar as práticas homossexuais entre alguns para os quais elas seriam inconcebíveis em circunstâncias normais de vida. Para os detentos cuja libido não havia sido tolhida pelas rudes condições, o desejo sexual podia ser satisfeito com colegas do mesmo sexo.

Para Rudolf, o fato de ser portador do triângulo rosa e ligeiramente afeminado torna-o uma escolha "natural". Mas isso não se aplica somente ao homossexual que ele é e identificado como tal. Nos dormitórios, não raro um preso desliza de um leito para o outro, homossexual ou não. Quando não pertencem ao mesmo barracão, certos prisioneiros podem também se encontrar durante o dia. É o caso daqueles que trabalham fora do campo e são menos vigiados, como os telhadores. Os telhados, as dependências, as escadas podem tornar-se um local propício para os contatos sexuais. Desde que essas relações sejam consentidas, poucos prisioneiros se ofendem de verdade. Mas deve-se não chamar a atenção nem ser surpreendido pelos SS. Estes suspeitam de atos homossexuais entre os prisioneiros, mas não os toleram. Eles constituem uma violação do regulamento do campo.

Houve vítimas de práticas sexuais impostas com violência? Rudolf nunca as testemunhou, mas os depoimentos dados posteriormente por outros presos e conservados nos arquivos do Memorial de Buchenwald as comprovam. Segundo as pesquisas de Wolfgang Röll, esse tipo de prática ocorria com maior frequência nas relações de poder, entre um superior e um subordinado na hierarquia dos prisioneiros, sobretudo entre um *Kapo* e seus comandados. Não se tratava de orientação sexual. Um superior hierárquico podia abusar da própria autoridade para dominar sua vítima ameaçando-a de morte se ela rejeitasse suas investidas ou o denunciasse. Daí vem a associação que se faz entre homossexualidade e ato criminoso.

Quem prestava esses favores sexuais seria necessária e habitualmente um homossexual? É difícil responder com exatidão. Nos arquivos de Buchenwald não há informação alguma de *Kapos* que portavam o triângulo rosa no campo principal. Também está comprovado que nenhum triângulo-rosa ocupou uma função elevada ou intermediária na hierarquia dos prisioneiros (principalmente *Lagerältester* ou *Blockältester*). No entanto, não se pode descartar a possibilidade de que os homossexuais registrados como triângulos-verdes possam ter abusado de sua posição de autoridade.

Além disso, ainda segundo Röll, o comportamento sexual era por vezes ditado pelas estratégias de sobrevivência. A partir de 1943, a simplificação dos procedimentos de prisão, consequência indireta do conflito mundial que perdura, provoca um afluxo enorme de novos detentos. Europeus de várias origens, entre eles russos, poloneses, judeus que estão aptos para o trabalho e escaparam das câmaras de gás, todos aumentam a população do campo. Em consequência, a média de idade dos prisioneiros de Buchenwald e seus satélites se reduz. No final de 1943, 65% deles têm menos de 30 anos. Os *Kapos* procuram seus favoritos em meio a essa "juventude". Tais rapazes são apelidados de *Puppenjunge* ("jovens-boneca"). Rações suplementares, envolvimento nas decisões do barracão, responsabilidades nas tarefas diárias – eles usufruem um regime privilegiado em troca de seus favores. Rudolf chega a presenciar uma rixa entre jovens poloneses, cujas vantagens provocam ciúmes nos outros. Os invejosos também preferem servir de diversão sexual ao decano do alojamento a morrer. Mesmo que não sejam homossexuais, vale tudo aqui para melhorar o cotidiano, inclusive o próprio corpo.

Para Rudolf, prestar os favores sexuais exigidos pelo mais velho não agrada à sua sexualidade, mas é um mal necessário: "A pulsão está lá, ainda que não haja sentimento..." Ele não é rejeitado por seus colegas, apesar da cor de seu triângulo, todavia tem consciência de que ainda está na flor da idade e é bonito. Seu destino sem dúvida teria sido mais trágico se ele fosse mais velho ou tivesse exercido uma profissão menos valorizada.

Em 1943, um barracão abriga pela primeira vez um bordel. As mulheres foram recrutadas em Ravensbrück, para cumprir a promessa de melhora nas condições de detenção. O "serviço" é pago pelos prisioneiros e, claro, o dinheiro recolhido alimenta os cofres da SS. Essas "mulheres de consolo" têm direito a uma caminhada diária, observadas de perto por uma *Aufseherin*[72]. Rudolf se lembra do comentário feito por uma dessas moças ao cruzar com ele e ver o seu triângulo rosa: "Olhem... nosso concorrente!"

A existência de relações sexuais entre homens no campo chega aos ouvidos das mulheres. Rudolf não inveja a sorte delas. Para ele, o bordel não passa de propaganda para tapear as delegações da Cruz Vermelha. Os países neutros, como a Suécia ou a Suíça, enviam seus inspetores para se certificar do bem-estar dos prisioneiros. Os SS se divertem ao passá-los para trás. Conhecendo as datas de visita, eles se preparam e apresentam prisioneiros escolhidos previamente e informados do que podem ou não dizer. Mostram aos enviados estrangeiros a biblioteca dos presos, o bordel e toda a infraestrutura, capazes de fazer calar, enquanto durar a visita, o rumor de que as condições nos campos de concentração são desumanas.

Esses enviados certamente nunca ouviram falar do carcereiro SS apelidado de "Tia Anna" pelos prisioneiros. Uma noite, durante um espancamento com bastão na sala da guarda, um colega mostra discretamente a Rudolf quem é a "Tia Anna" – o soldado que se masturba com a mão dentro da calça, excitado com o espetáculo de um prisioneiro com as nádegas ensanguentadas dos golpes que recebe.

---

72. Supervisora da SS que atuava nos campos e nos *Kommandos* em que havia mulheres.

parte 5

1

O vento muda de direção

RUDOLF BRAZDA CHEGA A BUCHENWALD em 1942, ano da virada. Em 19 de janeiro, Hermann Pister, novo comandante do campo, assume o lugar de Karl Otto Koch. Este, sobre o qual pairavam boatos de corrupção, fora "transferido" para o campo de Maidanek, perto de Lublin, na Polônia. Era famoso pela brutalidade, e seus subordinados seguiam o seu exemplo. A mulher dele, Ilse, era bem parecida. Sentindo-se investida dos poderes do marido, nunca hesitava em abusar de sua condição de mulher do comandante. Com muita facilidade, exigia que os guardas SS castigassem os detentos quando ela considerasse proveitoso.[73,74]

O comandante Pister quer fazer desse campo de concentração um complexo economicamente viável e lucrativo para a SS e não mais um simples instrumento de repressão, onde o trabalho não passa de um meio de terror, sem objetivos econômicos verdadeiros. Essa reorientação responde à exigência de Hitler sobre a necessidade de mão de obra forçada e à criação, em março, do WVHA – Departamento de Administração e Economia da SS. Esse órgão engloba a Inspetoria Geral dos Campos de Concentração.

---

73. Após a guerra, ela respondeu a dois processos por seus atos, um em 1947, em Dachau, e outro em 1950-1951, em Augsburg.
74. No primeiro processo citado pelo autor, Ilse recebeu a pena de prisão perpétua, mas o governador do setor americano na Alemanha a indultou poucos anos depois. No segundo julgamento, voltou a ser condenada à prisão perpétua e se suicidou por enforcamento numa prisão da Baváría, em 1967 (*Encyclopedia of the Third Reich*, Macmillan, 1991, citada pela Jewish Virtual Library). [N. E.]

Em 22 de junho de 1941, a Alemanha havia entrado em guerra também contra a União Soviética, ao mesmo tempo que o conflito ganhava escala mundial. Rompendo o pacto germano-soviético, assinado em agosto de 1939, a Alemanha encontra-se agora engajada em várias frentes. A necessidade de mão de obra para substituir a população mobilizada induz a chefia da SS a reconsiderar a utilização dos prisioneiros nos campos de concentração. Nesses locais, os detentos devem ser aproveitados de maneira mais eficaz. Devem participar do esforço de guerra, sobretudo na indústria, e mais especificamente no setor de armas. Em Buchenwald, a DAW[75], instalada no final de 1940, funciona em regime integral. Em 1943, outra fábrica, maior ainda, a Gustloff II, é inaugurada. Os campos satélites empregam centenas de deportados, controlados administrativamente pelo campo principal. Contudo, essa reorganização mais produtiva não melhora as condições de detenção – ao contrário.

Além disso, 1942 marca também a instauração da "solução final da questão judia". Começa a transformação ou a ampliação de seis campos de concentração no território da atual Polônia[76] para que sirvam de campos de extermínio.

Assim, Rudolf chega a Buchenwald em plena transição, quando as pessoas de maior qualificação passam a ser mais procuradas. Isso faz que ele se junte rapidamente ao *Kommando* de telhadores, no qual as condições de trabalho são fisicamente suportáveis. Ele cumpre suas funções da melhor maneira possível, ainda que tenha perdido toda a esperança de ser libertado. Está convicto de que será transferido para a África, para uma colônia penitenciária instalada em terras tomadas dos franceses, no dia em que Hitler ganharia a guerra.

Até mesmo uma rotina teria prevalecido não fossem as ondas de bombardeiros americanos que começaram a passar por cima do campo no início do verão de 1944. Em 24 de agosto desse ano, Buchenwald é bombardeado em plena luz do dia. O alvo não é o *Schutzhaftlager*, ainda que alguns barracões tenham sido atingidos, mas as fábricas de armamento e o setor dos SS. A fábrica Gustloff II é quase totalmente destruída, assim

---

75. *Deutsche Ausrüstungswerke* – fábrica de armamento.
76. Veja também a nota 48.

como os prédios da tropa dos Waffen-SS e certas residências dos altos oficiais. Estima-se que cerca de 400 prisioneiros morreram nesse ataque ou em consequência dele, além de uma centena de SS ou membros de suas famílias. Durante o ataque, Rudolf e outros colegas se refugiaram na floresta, tomando o cuidado de permanecer dentro do perímetro da *Postenkette*. Tudo é imprevisível. Atingido por terra lançada numa explosão, Rudolf é ferido no rosto, mas sem gravidade, apesar do forte sangramento.

A cidade de Weimar, também visada pelos bombardeios aéreos, solicita ajuda às autoridades de Buchenwald para desatulhar as ruas atingidas. Boa parte do *Kommando Bauhof* é requisitada. Os nomes de Rudolf, Fernand e Gustav aparecem em uma lista datada de 30 de agosto. Esse documento detalha a identidade de 106 prisioneiros desse *Kommando* que saem do campo para um dia de trabalho "fora dos muros"[77].

Após o desembarque dos aliados na França e na Itália e o avanço dos exércitos soviéticos, o bombardeio a Buchenwald atinge em cheio a SS e abala seu moral. Por outro lado, renova a esperança dos detentos. Um novo alento se espalha pela Europa.

No campo, a solidariedade já se firmara há algum tempo. Frequentemente agrupados por vínculos nacionais, os prisioneiros, com parcos meios e graças aos pacotes de alimentos recebidos, ajuda-se mutuamente. Coletas de alimento ou de cigarros são realizadas. O produto é redistribuído aos compatriotas menos favorecidos. A partir de 1943-1944, essas ações ganham amplitude. Mais bem coordenada, uma organização clandestina de resistência vê progressivamente a luz do dia, sob a batuta dos deportados políticos. Engrenando suas ações, os "vermelhos" se impõem aos "verdes" na "guerra dos detentos"; obtêm postos-chave na hierarquia dos prisioneiros.[78] Graças a isso e à predominância de comunistas alemães

---

77. Muitos anos mais tarde, Rudolf reconheceria um trecho da Schlossgasse [rua de Weimar] de onde ele e seus companheiros tiveram de retirar os escombros da destruição causada pelo ataque aéreo.
78. Ou seja, os detentos presos por motivos políticos (triângulos-vermelhos) e aqueles com antecedentes criminais (triângulos-verdes), designados para essas funções pela SS desde a origem do campo. Veja também a nota 55.

em suas fileiras, cria-se o Comitê Internacional do campo, que consegue, entre outras coisas, salvar a vida de pessoas que, sem a sua intervenção, teriam sido condenadas a uma morte certa. Provavelmente foram os contatos de Gustav nessa organização que evitaram a transferência de Rudolf para Dora. Fernand também deve ter feito parte dessa organização.[79] Desde a guerra na Espanha, ele desenvolvera certa experiência nas lutas clandestinas.

A partir de setembro de 1944, o resultado da guerra parece pender cada vez mais para as forças aliadas. Elas encurralam o Reich pelo leste, pelo oeste e pelo sul e continuam avançando implacavelmente para o interior do continente europeu. Como em todo lugar, a desorganização e a escassez começam a afetar o campo. Mesmo os uniformes não são mais regulamentares. Usam-se agora roupas civis, frequentemente tiradas dos objetos pessoais dos prisioneiros mortos. Vagões inteiros de roupas chegam de outros campos. A parte de trás das camisas é grosseiramente disfarçada com um pedaço de tecido com o número de matrícula. Parece que daí em diante dá-se mais importância à matrícula que ao triângulo colorido que complementava os antigos uniformes...

O ano de 1944 registra, sem dúvida, um pico sem precedentes no número de admissões no campo. Perto de cem mil, ainda que muitos estejam só de passagem para ir a outros campos ou outros *Kommandos*. Sem falar dos que morrem.

Buchenwald chega ao limite de sua capacidade, fixada pela administração em 27.480 detentos. No entanto, em 15 de agosto já há quase 31.500 prisioneiros. Até o comandante Pister acaba se queixando com o WVHA. Ele não conta mais aqueles que dormem ao relento ou alternam turnos de sono nos alojamentos. Diante desse afluxo constante de presos, os SS constroem às pressas o "campinho".

Em Buchenwald, os judeus representavam a única categoria de presos que constituía um grupo estrito em barracões específicos. A partir do

---

79. Um testemunho escrito no pós-guerra atribui a Fernand participação ativa na rede clandestina do campo.

fim de 1944, com a chegada maciça de comboios provenientes de outros campos de concentração, eles eram na maior parte amontoados nos 15 barracões do "campinho", ao norte do *Schutzhaftlager*, do qual ele é separado por um alambrado. Só no início de 1945 os judeus passam a representar a mais importante categoria de presos no campo-tronco. Milhares deles são evacuados por ordem dos dirigentes da SS, que sentem que o rumo da guerra está contra eles e tentam apagar os vestígios de seus crimes esvaziando os campos de extermínio e de concentração. Buchenwald, situado bem no centro do Reich, torna-se um local de passagem e também de queda para vários prisioneiros deslocados. Em dois meses, a população do "campinho" passa de seis mil para 17 mil. Às vezes, cerca de dois mil detentos se aglomeram em alojamentos de 500 metros quadrados. Em 6 de abril de 1945, a população total do campo de Buchenwald totaliza 48 mil presos.

Aqueles que foram evacuados de outros campos chegam geralmente a pé, esgotados após uma marcha forçada à qual só sobrevivem os mais fortes. Chegam também em transportes de mercadoria, empilhados em vagões abertos em cima, expostos ao frio e às intempéries, ou em vagões para animais. Rudolf se lembra dessas chegadas e do triste espetáculo dos corpos sem vida rolando para fora dos vagões no momento em que as portas eram abertas. A evacuação dos outros campos prefigurava o que não demoraria a acontecer em Buchenwald.

2

A libertação

EM 1945, O CAMPO DE BUCHENWALD tornou-se o maior complexo de concentração ainda em atividade no Reich. Contando com os campos satélites, há cerca de 110 mil prisioneiros a ele incorporados, entre os quais 27 mil mulheres.

O começo da evacuação é perceptível no início de abril, mas os SS só passam à ação no dia 7, quando 28 mil prisioneiros pegam a estrada na direção de campos mais ao sul, como Theresienstadt, Dachau e Flossenbürg, escoltados, em fila. São as infelizmente famosas "marchas da morte", realizadas em estradas. Os SS que as conduzem têm ordem de abater toda pessoa que não tem condições de prosseguir. A falta de comida e de roupas quentes, além do esgotamento, faz que cerca de um terço dos detentos seja sumariamente executado.

Em Buchenwald organiza-se uma resistência passiva. Ela visa diminuir o ritmo das evacuações. Os americanos se aproximam e os prisioneiros querem a todo custo não ir para outros campos. A última chamada geral no campo acontece na noite de 5 de abril, mas se continua a convocar certos presos pelos alto-falantes. Seja individualmente, seja por categoria, os prisioneiros chamados fazem o possível para não se apresentar. Escondem-se nos barracões ou em outros lugares, brincando de gato e rato com os guardas. Para os SS, exasperados com a desobediência, a evacuação assume outro aspecto. Fortemente armados, eles irrompem nos barracões para realizar por si sós as evacuações. Quando Rudolf toma conhecimento de que os presos homossexuais são esperados na praça de chamada para seguir com uma coluna de marcha com destino a Berghof[80], na Baviera, ele não pestaneja: corre para se esconder na parte mais afastada do *Schutzhaftlager*. Lá ele conhece o sujeito que cuida dos porcos. Já tivera a oportunidade de encontrá-lo quando consertava telhados e sabe que pode confiar no jovem prisioneiro político da Baviera. Esse "triângulo-vermelho" não hesita e faz um acolchoado improvisado no telheiro de ferramentas, junto ao estábulo. Por vários dias ele se encarrega de levar para Rudolf o pouco de comida que consegue encontrar.

Enfurnado em seu esconderijo, Rudolf escuta, ao longe, tiros de artilharia que se aproximam nesse 11 de abril, no final da manhã. Eles são seguidos de tiros de armas automáticas. São os últimos espasmos defensivos dos poucos soldados da SS que permaneceram no campo tentando conter o avanço americano. No *Lager*, grupos de resistentes armados, reunidos clandestinamente no campo, garantem a segurança interna. Pouco depois das 15 horas, alguns desses homens tomam o controle do prédio da entrada principal, que está quase vazio. No andar térreo, os rebeldes rendem dois homens, um SS e um soldado de infantaria da Wehrmacht, que não opõem muita resistência. São os últimos. No local, os resistentes encontram armas: uma metralhadora leve perto da grade do último andar e algumas *Panzerfäuste* (bazucas). Do alto do prédio, os rebeldes não percebem mais nenhuma presença militar alemã. Todos eles fugiram.

É hora de o *Lagerälteste* Hans Eiden, preso político alemão, hastear uma bandeira branca na torre central. Pelos alto-falantes, ele anuncia que o campo está sob o controle do Comitê Internacional. Pede aos prisioneiros que mantenham a calma e a disciplina. Mas, quando escutam a notícia e veem pela primeira vez a porta principal totalmente aberta, centenas de presos se precipitam para fora dos barracões, em que estavam confinados desde a manhã. A energia elétrica é cortada. A cerca de arame farpado do *Schutzhaftlager* não está mais eletrificada; o relógio da entrada princi-

---

80. Uma das residências de Hitler, situada em Berchtesgaden. Segundo um boato que corria no campo, os prisioneiros evacuados serviriam de reféns.

pal para. São 15 horas e 15 minutos. De sua parte, os membros das organizações clandestinas se apressam a dar segurança ao resto do campo. Portando armas e munição que pegaram na *Kommandantur* e nas casernas dos SS, grupos de três a cinco pessoas se apoderam de locais estratégicos, começando pelas 20 torres de vigilância que pontuam o entorno do *Schutzhaftlager*. Outros partem em reconhecimento da floresta que cerca o campo, à procura de eventuais guardas e SS que tenham permanecido nas cercanias. Eles fazem 76 prisioneiros.

Menos de duas horas se passaram depois do breve discurso de Hans Eiden. Nesse ínterim, os combates entre as forças americanas e nazistas cessaram, e grupos de presos armados patrulham toda a região. Pouco antes das 17 horas, uma patrulha de reconhecimento francesa lotada no exército americano encontra-se com um desses grupos. Após algumas explicações, um dos presos armados, um belga, antigo combatente nas Brigadas Internacionais, conduz os dois soldados a bordo de seu jipe até a entrada principal do campo. Eles são engolfados por uma multidão de deportados, que explodem de alegria. Em seguida, os membros do Comitê Internacional acolhem os dois soldados.

Desde a rendição dos SS no final da manhã, as organizações clandestinas dominam a situação para assegurar a proteção dos presos. Era preciso evitar qualquer confusão dentro do campo, mas também estar preparado para qualquer ataque externo, um retorno possível dos SS ou ainda a intervenção da Hitlerjugend[81], que poderia ter sido enviada para lá.

Os dois batedores franceses vão contar depois que descobriram um campo libertado, com presos organizados e com armas. O mais graduado dos dois, o tenente Emmanuel Desard, confirma o *Lagerälteste* Eiden como comandante do campo inteiro. Até a chegada em breve das tropas americanas, Eiden se vê responsável pela administração do campo e pela segurança dos 21 mil sobreviventes ainda em Buchenwald. É preciso conter os mais apressados e garantir a sobrevivência da maioria, em condições de miséria extrema. Para ele parece ser primordial manter a disciplina, a

---

81. Juventude Hitlerista.

fim de que os ex-prisioneiros possam apresentar-se dignamente aos aliados como homens livres.

Rudolf não assiste a tudo isso. Enquanto ele estava em seu esconderijo, os tiros se acalmaram. Pela primeira vez, o silêncio domina o campo. Sem ver o responsável pelo chiqueiro voltar e esperando que outros presos passassem com a notícia da libertação e da chegada dos americanos, ele decide sair prudentemente. Do lado de fora, volta a ser um homem livre...

Os dias seguintes continuam nebulosos em sua memória. Talvez reste apenas a lembrança de uma inscrição sobre as listas de presos que o Comitê Internacional do campo estabelece para cada grupo nacional. Por segurança, Rudolf se inscreve junto aos tchecoslovacos e junto aos alemães. O objetivo dessa operação é recensear os presentes, assim como os que voltaram. Abandonados nas estradas pelos guardas SS, que fugiram, alguns detentos levados nas "marchas da morte" retornam para Buchenwald. Sem grande conhecimento da região e esperançosos de que o campo tenha sido igualmente abandonado pelos carcereiros, muitos deles pegam de volta o mesmo caminho.

É assim que Rudolf encontra por acaso um detento homossexual que ele conhecia. Este lhe conta o horror da evacuação e das execuções de prisioneiros extenuados ao longo do percurso.

Nessa massa de deportados enfim livres do jugo da SS, Rudolf enfim reencontra Fernand. Este também havia se esquivado da evacuação forçada. Será que eles sabiam que alguns dias antes, em 5 de abril de 1945, o antigo comandante Koch tinha morrido? A ironia do destino quis que ele fosse fuzilado em Buchenwald, executado pelos próprios colegas, lá mesmo onde havia reinado em outros tempos. Um tribunal da SS o declarou culpado de corrupção. Koch foi executado como exemplo poucos dias antes da evacuação do campo, precipitada pela aproximação das tropas americanas.[82]

---

82. O comandante Pister seria condenado à morte em 1947. Morreu na prisão, em 1948, antes da execução da sentença.

Entretanto, para Rudolf e Fernand o ambiente é de euforia – da libertação e dos reencontros.[83] Enfim, eles poderão reaprender a viver. E, sobretudo, sair de Buchenwald.

---

83. Durante esses poucos dias que se seguiram à libertação, foi tirada por um antigo preso testemunha de Jeová (muito provavelmente Alfred Stüber) uma minúscula foto, único testemunho visual conhecido de Rudolf e Fernand em Buchenwald, que está na página 183.

A caminho da França

SÃO 21 MIL OS PRISIONEIROS DE BUCHENWALD no dia da libertação, mas nos dias seguintes centenas deles morrem devido às condições de promiscuidade e desnutrição, principalmente no "campinho". Entre os grandes grupos nacionais, contam-se 4.400 soviéticos, 3.800 poloneses, 2.900 franceses, 2.100 tchecos e 1.800 alemães, além de uma dezena de outras nacionalidades. No total, havia também quatro mil judeus distribuídos entre diversos grupos nacionais.

Quando as tropas americanas tomam posse oficial do campo, em 13 de abril, elas exigem que os prisioneiros entreguem as armas em sinal de transferência de poder. Uma bandeira preta substitui a branca que tremulava sobre a torreta da porta principal, em sinal de luto. O presidente dos Estados Unidos, Franklin Delano Roosevelt, acaba de morrer. Para os mortos do campo, ergue-se um monumento comemorativo de madeira: um estrado de vários degraus, com um obelisco no centro que traz a seguinte inscrição:

KLB
51.000

De 1937 a 1945, o campo de concentração de Buchenwald (KLB) comportou cerca de 240 mil detentos do sexo masculino. O número 51 mil nesse monumento provisório representa a estimativa do número de vítimas, feita com base em registros e testemunhos diretos quando da libertação.[84] Seja em Buchenwald ou em seus "satélites", esse número abrange 336 mulheres e crianças, assim como os soldados soviéticos mortos pelo método da *Genickschussanlage*[85] ou, depois, por enforcamento no crematório.

Por ordem do general Patton, mil habitantes de Weimar – escolhidos em primeiro lugar entre os responsáveis locais do Partido Nazista – são levados ao campo para visitar seus prédios e ver com os próprios olhos as atrocidades cometidas bem ao lado deles. Rudolf lembra-se também vagamente dos antigos carcereiros da SS presos no momento da libertação, quando já se encontravam detidos. É a vez deles de executar as tarefas aviltantes, antes atribuídas aos presos mais mal considerados, como a limpeza das latrinas.

Em 19 de abril, na praça de chamada, por ocasião de uma grande reunião em memória das vítimas, lê-se um texto elaborado pelo Comitê Internacional do campo. Ele entrará para a posteridade com o nome de "Juramento de Buchenwald". Essa alocução, que ressoa nos alto-falantes, é feita em francês, russo, polonês, inglês e alemão. Ela relembra as vítimas da barbárie nazista em Buchenwald e homenageia o presidente Roosevelt. Enfim, exige de cada um que não deixe de lutar pela liberdade, pois em breve o nazismo será vencido para sempre e os culpados levados à justiça. Nesse dia, os antigos prisioneiros prestam o juramento intensamente por meio de um vibrante:

Nós juramos!

Se Rudolf não se lembra muito bem de tudo isso, ao menos uma frase pronunciada nesse dia pelo novo comandante americano do campo vai marcá-lo definitivamente:

Daqui por diante vocês fazem parte da elite da humanidade.

---

84. Atualmente se estima que morreram 56 mil pessoas em Buchenwald.
85. Veja a nota 66.

Ruldolf copia essa frase numa pequena folha de papel, que confiará a um companheiro de prisão de sua terra natal para que a entregue à sua mãe.

Por ora, Rudolf tem outros projetos. Certamente Buchenwald fica a apenas cem quilômetros de onde moram sua mãe e o resto da família, mas a vergonha faz que hesite em procurar seus parentes, depois de tantos anos de aprisionamento por causa de sua homossexualidade. Mais prosaicamente, o Exército Vermelho avança do leste. Se ele voltasse para sua família, Rudolf se dirigiria diretamente para essa frente, que avança para o interior do país, e ele não quer se arriscar. A oeste, pelo contrário, os exércitos aliados já garantiram a segurança dos territórios que atravessaram. Privilegiando a segurança e talvez por gostar de aventura, Rudolf decide seguir Fernand, que treme de impaciência para reencontrar sua família na cidade natal de Mulhouse.

Um primeiro grupo de franceses fora autorizado a deixar o campo em 18 de abril. Ainda que as autoridades do campo tentassem organizar a volta para casa em grupos, não conseguiam impedir que alguns partissem sozinhos. Assim, em 23 de abril, Fernand recupera seus objetos pessoais, que teve de abandonar quando chegou ao campo. Rudolf faz o mesmo e, no dia seguinte, eles vão juntos pegar um documento de identidade provisório próprio dos ex-prisioneiros de Buchenwald. Esse documento é um comprovante entregue aos internos, atestando quem eles eram antes de sua detenção, pois muitos não tinham nenhum outro documento de identidade. O documento indica resumidamente a identidade do portador libertado de Buchenwald, seu último endereço antes da deportação, assim como o endereço para onde ele deseja ir, sem esquecer seu número de matrícula e o período de detenção nos campos de concentração nazistas. É assinado pelo portador, que também deixa nele sua impressão digital, e pelos membros do Comitê Internacional do campo.

O documento de Rudolf tem uma pequena imprecisão quanto ao início da sua detenção (inclusive o tempo de prisão anterior à deportação, como era habitual): o dia 30 de março de 1941, uma vez que o primeiro dia de sua detenção oficial em Karlsbad foi 5 de abril de 1941. Seu documento de identidade é assinado, entre outros, por Walter Bartel, figura marcante das organizações clandestinas durante os dois últimos anos de existência do campo de concentração.

Antes de deixar definitivamente o campo, Fernand, Rudolf e alguns outros companheiros não podem deixar de passar pelo *Führersiedlung*, antigo local de residência dos dirigentes da SS. Encontram as casas abandonadas às pressas pelos antigos ocupantes: portas, armários abertos. Será que foram esvaziados pelos SS ou por presos que tiveram a mesma ideia que eles? Pouco importa. Não vão se envergonhar de roubar objetos que podem ter valor. Talvez consigam trocá-los por comida no caminho. Roupas, peles, pequenos objetos fáceis de transportar... ou qualquer peça que desejem. De todos os objetos pilhados naquele dia, Rudolf guardou um: uma longa faca de cortar carne que não tinha outro mérito que não o de tê-lo interessado naquele momento. Representava também um último desafio à proibição de que os prisioneiros tivessem facas. Ainda que geralmente ela fosse contornada quando os presos afiavam um lado do cabo da colher entregue a eles na chegada, continuava sendo uma proibição.

Carregando todos os seus bens, Rudolf e Fernand podem enfim partir. Para a França. Chegar lá saindo de Buchenwald é simples: basta seguir a oeste a estrada que eles pegaram alguns anos antes, ao chegar ao campo. Eles não têm pudor algum de parar uma mulher com que cruzam no caminho. Ela tem uma carroça da qual eles precisam para levar suas coisas. E a mulher, que é alemã, não tem outra escolha que não aceitar "emprestá-la", e os segue para se certificar de que vai recuperá-la. No caminho, Fernand e Rudolf conseguem, bem ou mal, trocar suas mercadorias por pedaços de pão e algumas salsichas.

A viagem, a pé e de trem, vai durar duas semanas. Os dois amigos chegam a passar perto de Remagen, ao sul de Bonn. Lá, a ponte sobre o Reno, de grande importância estratégica para o avanço dos aliados, fora destruída no mês anterior. Mas ninguém contava com o engenho militar dos americanos, que já instalou pontões flutuantes sobre o rio. Rudolf se lembra bem do campo a céu aberto, ao lado das ruínas da velha ponte, na margem esquerda do rio. Estava cheio de soldados alemães feitos prisioneiros... O resto da viagem até a França? Sua lembrança é mais confusa. É provável que o périplo tenha levado os dois companheiros de estrada a Luxemburgo. Na verdade, em 7 de maio de 1945, eles foram recenseados pelo Centro de Repatriamento n. 8, em Thionville, poucos quilômetros ao sul da fronteira com Luxemburgo. É o que atesta a carteira de repatriação de Rudolf.

Existiam cerca de 50 centros como esse no território francês, instituídos pelo Ministério dos Deportados e Refugiados. Implantados nas grandes cidades próximas das fronteiras, visavam acompanhar a migração de antigos prisioneiros e deportados que retornavam à França ou transitavam pelo país. Além de terem uma função sanitária e social, eles serviam também de postos de controle militar, a fim de identificar indivíduos indesejáveis ou procurados.

Como sempre, Fernand estava ao lado de Rudolf, cuidando dele. Eles chegaram à França, nem bem nem mal, mas conseguiram. Como Rudolf não falava uma palavra de francês, Fernand se encarregou dos trâmites administrativos e dos documentos necessários. Fazia questão de traduzir tudo para Rudolf. Seu exame médico, por exemplo, atestou um bom estado geral, sem doenças infecciosas ou parasitárias, apresentando, contudo, reservas à sua dentição, qualificada de mediana – lembrança desagradável do soco que um SS lhe deu na cara. Fernand traduzia, Rudolf escutava.

A carteira de repatriação de Rudolf recebeu o carimbo de ESTRANGEIRO. Ganhou direito a um quarto de uma cesta da Cruz Vermelha, um pouco de dinheiro e um bom transporte para ir a Metz de trem. É muito provável que ele se tenha encontrado na França com outros tchecoslovacos que esperavam voltar para sua pátria. Para Rudolf, no entanto, isso não queria dizer nada; ninguém o esperava lá...

Então, Fernand e Rudolf foram a Metz. Eles estavam nessa cidade no dia da rendição alemã. As sirenes gritavam e os sinos das igrejas tocavam com toda a força. Em meio ao tumulto e diante da coragem de seu amigo, Rudolf decidiu seguir para Mulhouse. Metz era o destino final de Fernand e de todo modo não havia nada ali para Rudolf. Então, o destino é Mulhouse! Era preciso comemorar isso e a nova cidade.

Chegando à estação ferroviária de Belfort, os dois amigos sentaram-se à mesa de um restaurante. Estavam felizes; divertiam-se por qualquer motivo em alemão – a língua do campo de concentração, que sempre fora a de suas conversas. Talvez tenham sido muito ruidosos. Um dos clientes saiu do seu lugar e reapareceu acompanhado de dois policiais a paisana. Eles suspeitaram que Rudolf e Fernand fossem fugitivos alemães! Na delegacia, Fernand perdeu a calma e bateu violentamente na porta de um armário do posto: "Nós saímos de Buchenwald, vocês viram nossos documentos e ousam nos acusar de estar fugindo?"

É fato que no dia seguinte à rendição alemã nem todos sabiam da existência dos campos de concentração e do que tinha ocorrido neles. Somente a chegada de um militar resolveu o incidente e os dois companheiros de deportação puderam deixar o posto.

Em torno do dia 10 de maio[86], Fernand e Rudolf, inseparáveis, chegam enfim à estação ferroviária de Mulhouse. Para Fernand, esse momento é de reencontro com seus pais e irmãos. Para Rudolf, é o começo de uma vida nova, na França, que se tornará sua pátria adotiva.

O que resta de Buchenwald para Rudolf? Sua carteira de identidade provisória, um pingente feito de um pedaço de rocha da pedreira, uma faca de cozinha, uma foto do tamanho de um selo postal que o retrata com Fernand... e muitas lembranças mais ou menos felizes que ele vai guardar como segredo por vários anos.

E hoje? "Todo esse período de minha vida me aparece hoje como um sonho do qual nos lembramos vagamente ao acordar", escreveu ele na margem de uma página por ocasião de uma visita recente ao local de seu antigo campo de concentração. A comparação não é banal, pois às vezes é o absurdo do sonho que nos faz recordar dele...

---

86. Não se pode determinar a data precisa, mas no sábado, 12 de maio, os registros do comissariado central de Mulhouse mencionam o recenseamento de Rudolf no Serviço de Estrangeiros. O local de residência indicado era rua de Colmar, 70.

parte 6 |||||||||

1

A vida após a libertação

Ao chegar a Mulhouse, os dois amigos são recebidos pelo pai de Fernand e depois por Charles, seu irmão. A cidade não foi poupada dos bombardeios aliados e há muito para reconstruir. Rudolf encontra rapidamente um emprego de telhador, que lhe assegura uma renda digna.

Ele não fala francês, mas consegue mesmo assim se fazer compreender nas obras. A maioria dos outros trabalhadores fala o alsaciano, um dialeto germânico local que Rudolf assimila facilmente. Para os franceses é mais difícil. Como outros refugiados, ele frequenta cursos noturnos por algum tempo. Quando é realmente necessário, ele se vira, arranha a língua, mas isso basta.

Sem saber ainda muito bem o que deseja fazer, Rudolf pergunta a Charles se pode ficar mais um pouco, pagando aluguel. Cercado dessa família, a vida parece cada vez mais retomar o rumo. Rudolf começa até a pensar na possibilidade de ficar definitivamente na Alsácia. Do ponto de vista burocrático, ele continua sendo tchecoslovaco, mas decide não tomar nenhuma atitude que lhe permita conservar essa nacionalidade. Ele opta, então, por ser apátrida.

Ainda que os pesadelos ligados a seu passado no campo de concentração o persigam – e ainda surgirão por muito tempo –, ele quer recomeçar a viver como nos tempos felizes antes de 1937, ano de sua expulsão da Alemanha. É a segunda vez que recomeça do zero, mas agora ele quer decidir seu destino. Não se esquece da mãe e da família que ficaram na Alemanha. Escreve-lhes com frequência. Ainda mantém contato com Gustav, seu antigo *Kapo*, que diz ter-se casado novamente.

Em 1947, Rudolf sente-se enfim pronto para viver sozinho. Aluga um cômodo pequeno na casa de um colega de trabalho e aos domingos continua a almoçar na casa de Charles. No que se refere às amizades masculinas, ele ouviu falar das opções que os homossexuais têm na cidade. Começa então a frequentar assiduamente a praça Steinbach, conhecida pela possibilidade de encontrar outras pessoas. O lugar já era frequentado por homossexuais antes da guerra. Aí ocorrera um caso de consequências trágicas para Pierre Seel, jovem nascido na cidade. Sua vida foi vasculhada por causa de um roubo na praça. Quando, pouco tempo antes da anexação da Alsácia pelos nazistas, o relógio de Seel foi furtado, ele nunca poderia imaginar que a denúncia do roubo à polícia teria um desdobramento funesto. Rapidamente se fez a associação entre o local e o horário do roubo, o que fez a polícia supor que Seel fosse homossexual – detalhe que não passou despercebido das autoridades de ocupação, que invadira o de práticas homossexuais. Intimado pela Gestapo, interrogado, torturado e mandado para o campo de Schirmeck-Vorbrück, ele só foi liberado após seis meses de internação, em novembro de 1941.[87]

Situada ao lado do teatro municipal, a praça Steinbach é um parque urbanizado, doado à cidade pelos descendentes de uma rica família de industriais locais. Após a guerra, é de conhecimento público que a praça volta a ser local de encontros, mas quem vai a ela deve ser prudente.

Há certamente coisas mais arriscadas do que uma simples acusação de atentado público ao pudor. Pois se na França as práticas consensuais homossexuais masculinas não eram consideradas crime ou delito, desde a introdução do Código Civil ou Código de Napoleão, a lei regrediu em agosto de 1942. Uma emenda promulgada pelo governo de Vichy – que não foi eliminada após a liberação – fazia que as relações homossexuais, tanto entre homens quanto entre mulheres, ficasse sob a proteção da lei a partir dos 21 anos de idade. Idade esta que se equiparava à maioridade cívi-

---

[87]. Só em 1982, ano da ab-rogação na França dos dispositivos discriminatórios do artigo 334 do Código Penal, Pierre Seel rompe o silêncio sobre seu passado doloroso. Torna-se então um ardente defensor do reconhecimento da deportação de homossexuais. Ele morreu em Toulouse em 2005.

ca, no entanto, a idade legal mínima continuava a ser de 13 anos (aumentou para 15 em 1945) para as relações heterossexuais. Quando criou o delito de homossexualidade, passível de processos correcionais, o Estado francês colocou um ponto final em quase 140 anos de uma relativa igualdade de tratamento para as práticas sexuais entre pessoas do mesmo sexo ou não.

Assim, para indivíduos surpreendidos em "flagrante delito", por exemplo, em locais públicos, ou para aqueles condenados por sexo com menores do mesmo sexo, não se excluía uma pena de prisão... Rudolf, aliás, conheceu bem o porteiro de um hotel em Mulhouse, que esteve preso vários meses por causa das relações que tinha com jovens que ele convidava para frequentar o seu local de trabalho, mas um dia o escândalo estourou.

Em 1950, Rudolf está bem acomodado e adaptado à nova vida francesa. Ele continua a escrever à sua mãe na Alemanha, que mora numa província agora pertencente à Alemanha Oriental. Naquele ano, pela primeira vez depois de sua deportação, as circunstâncias colaboram para que ele possa ir à Alemanha. Ele compra uma moto Peugeot de segunda mão e é com ela, orgulhoso e feliz, que decide cruzar as fronteiras. Vestido com um conjunto de linho e usando um boné de couro mole e óculos grossos de proteção, ele vai levar mais tempo que o previsto, já que, depois de cruzar a fronteira da Alemanha Oriental, é mais difícil localizar-se à noite na zona rural, onde ainda não existe iluminação pública. Algumas voltas, a necessidade de reencontrar o caminho, pedir orientações... até que, enfim, ele chega. Sua mãe envelheceu um pouco, mas nada mudou em sua expressão. Mãe e filho ainda não se tinham visto depois da guerra. Por um acordo tácito, não tocam no assunto da deportação, nem no que a motivou. Para a senhora Brazda, o importante é que seu filho está vivo. E aquele bilhete que ele lhe enviou ao sair de Buchenwald foi guardado preciosamente, como para exorcizar a carta odiosa que ela recebera na época do irmão de Toni. Este, afirmando que Rudolf havia corrompido Toni, seu amante em Karslbad, escreveu:

Seu filho foi enviado para o campo de concentração de Buchenwald. Jamais espere que ele saia vivo de lá.

Rudolf não acha útil remoer o passado. Por saber que é difícil encontrar certas mercadorias no país, ele chega à casa de sua mãe carregado de provisões. Está feliz de reencontrar os parentes, a família. E mesmo Toni, seu próximo encontro! Antes de partir, ele pega alguns de seus objetos pessoais que sua mãe havia guardado. Documentos, fotos esparsas, lembranças de seu exílio na Tchecoslováquia. Rudolf decidira que, quando retornasse para a França, visitaria Toni, que está na Alemanha e retomou o contato com Rudolf dois anos antes. Eles não se reviam desde sua prisão em Eger. A trajetória de Toni, assim como a de Rudolf, tem as marcas dos problemas políticos decorrentes dos dois conflitos mundiais. Mostra também um pouquinho de sorte. Depois de vários anos como prisioneiro de guerra em Moscou, Toni sabe que seu talento de cabeleireiro, muito apreciado pelos oficiais soviéticos, garantiu-lhe uma detenção menos penosa que a de outros prisioneiros alemães em solo russo.

Nesse ínterim, sua família, como várias outras, fugiu da Tchecoslováquia. A população de origem alemã, atingida pelos "decretos de Beneš", de 1945, foi expropriada e destituída da nacionalidade tcheca, em represália.[88] Tivessem ou não vivido lá por muito tempo, a essas famílias "de sangue alemão" não restou outra escolha senão sair do país para procurar refúgio na Alemanha ou na Áustria.

Após sua libertação na União Soviética em 1948, Toni reencontra sua família na Alemanha, onde firma residência, perto de Essen. Abre um salão de cabeleireiro e retoma contato com Rudolf. Sabe que este mora na França, mas talvez, com um pouco de sorte, como os dois ainda estão vivos... Por que não Rudolf ir morar com ele em Essen?

Infelizmente, Rudolf não está mais nesse estado de espírito. Para comemorar a liberdade reconquistada, volta a frequentar os bailes de Mulhouse. E é numa dessas noites que ele encontra o novo homem de sua vida...

---

88. Esses decretos levam o sobrenome de Edvard Beneš (pronuncia-se "Bénesh"), líder no exílio da resistência tchecoslovaca contra a ocupação nazista e correspansável pela operação que matou, em 1942, o general SS Reinhard Heydrich, chefe máximo dos serviços de segurança do Reich, entre eles a Gestapo e a Kripo. Com o fim da guerra, Beneš foi confirmado presidente do país, daí essa legislação ser chamada oficialmente de Decretos do Presidente da República, até hoje em vigor. [N. E.]

2

Edi

EM 1949, ÉDOUARD MAYER E SUA FAMÍLIA, provenientes do Banato[89], eram refugiados na Áustria havia quase cinco anos. Eles foram abrigados no campo para refugiados 63, próximo a Linz. Mathis, o pai, agricultor, Maria, a mãe, e seus filhos sofreram na pele os tormentos da guerra. Esses banatos, ou *Donauschwaben*[90, 91], haviam sido considerados *Volksdeutsche* [de etnia alemã] pelos nazistas. Por causa dessa qualificação, como ocorrera na Alsácia, no Mosel, nos Sudetos e em outras regiões conquistadas, muitos homens em idade de servir as forças armadas foram convocados para lutar na Wehrmacht. O filho mais velho de Édouard, Josef, diretamente afetado pela medida, não estava mais lá; as últimas notícias dão conta de que ele teria sido dado como desaparecido na frente grega. Todos foram obrigados a deixar sua terra, ainda que a família, como milhares de outras, pudesse reconstituir em território iugoslavo sua história de várias gerações.

A partir de 1944, com o apoio do Exército Vermelho, os partidários de Tito, que reconquistavam progressivamente o controle do país, não precisavam de outra alegação além dessa etnia alemã para se tornar uma ameaça aos banatos. No outono, as autoridades alemãs se sentiram forçadas a evacuar essa população para o norte, mais para o interior do Reich... Morando há alguns anos em Semlin (hoje Zemun, um distrito de Belgrado), a família

---

89. Antigo território do Império Austro-Húngaro. Veja a nota 37.
90. Literalmente: "os suábios do Danúbio".
91. *Donauschwaben* é referência genérica e histórica aos grupos populacionais de etnia germânica que viviam no vale do rio Danúbio em território então pertencente ao antigo Reino da Hungria. Os banatos formam um desses grupos. [N. E.]

Mayer se preparava para uma migração que envolveria dezenas de milhares de pessoas. Seria também o caso de mais de um terço da cidade de Ruma, cidade natal da família. Em sua bagagem eles levaram todas as suas economias, várias centenas de milhares de kunas croatas[92], o equivalente a dois ou três anos de salário de um operário. Sob escolta militar, longas filas de carroças puxadas por cavalos avançam na direção das províncias que antes do Anschluss constituíam a República da Áustria. Pega a estrada com a mulher e os quatro filhos – Édouard, ou Edi, de 13 anos, suas duas irmãs, Marie e Catherine, e Nicolas, o caçula, nascido em 1940. Eles chegam ao seu destino em outubro de 1944. Por razão desconhecida, o pai somente se junta a eles em fevereiro de 1945, quando a guerra chegava ao fim.

Quatro anos depois, a Áustria ainda está sob a tutela dos aliados e, como a Alemanha, foi dividida em quatro zonas administrativas – americana, britânica, soviética e francesa. As quatro potências, sobretudo a União Soviética, condicionam o término da sua tutela à solução do problema dos refugiados em território austríaco. As autoridades propõem aos que não se naturalizaram ou que não desejam fazê-lo que emigrem. Mesmo que, em 1948, Mathis havia considerado emigrar para a Argentina, é no velho continente que eles ficaram. A Europa precisa ser reconstruída em todos os lugares, de modo que a necessidade de mão de obra é infinita. A França, predominantemente rural e agrícola, tem a mesma necessidade e se propõe a acolher certa quantidade de refugiados. As negociações entre as autoridades francesas e representantes dos emigrantes do Banato já duram meses. O Estado quer simplificar para eles as condições para que se instalem na França. Em junho, inicia-se o transporte dos refugiados para esse país, em trens e caminhões, partindo de Linz, passando por Bregenz, seguindo pelo Reno até Kehl, cidade localizada à margem do rio, do outro lado de Estrasburgo. No final, após um ano de trabalho na agricultura, esses refugiados têm a possibilidade de atuar em outros setores... e ser naturalizados! A família de Edi faz parte desses comboios e, em 4 de julho de 1949, chega a Mulhouse.

---

92. A parte de Banat, da qual eram originários, tinha sido anexada ao Estado independente da Croácia, entidade vassala do Eixo, sob o regime fascista dos ustachis.

Como centenas de banatos, eles foram alojados temporariamente no Quartel Coehorn, onde funcionam os sindicatos trabalhistas. Agricultores vindos da Alsácia, de regiões vizinhas ou de tão longe quanto a Dordonha procuram aí uma ajuda para seus planos. A família Mayer fica sob a responsabilidade de um agricultor de Doubs, que vai abrigá-la e remunerá-la modicamente em troca de trabalho no sítio. Infelizmente, essa primeira experiência deles na França é um fracasso. A mulher do agricultor, de origem polonesa, considera-os "alemães sujos" e tem prazer de atormentá-los. Após algumas semanas, não suportando mais as injúrias, a família decide fugir da fazenda. No dia seguinte, é capturada pela polícia. Denunciada pelo agricultor, por pouco ela evita sua expulsão para a Alemanha. Com sorte, todos são acolhidos por uma organização católica de caridade, que os acomoda num pequeno apartamento na rua Huguenin, em Mulhouse.

Em 1950, fazia alguns meses apenas que Edi e família estavam vivendo na cidade. Estamos na época das festividades do carnaval, e uma associação formada por banatos organiza um grande baile a fantasia. É uma oportunidade sonhada para Rudolf se travestir de mulher, como ele gosta de fazer de vez em quando. Naquela noite, ele percebe Édouard, um pouco tímido e desamparado, separado do grupo. Notara que Édouard o observara com o canto dos olhos havia algum tempo. Mas nada. Cedendo ao charme do jovem, Rudolf, com uma fantasia ridícula que ele mesmo fez, decide convidá-lo para dançar. Ainda hoje ele se diverte com a história: "Edi não havia percebido o disfarce e durante boa parte da noite acreditou que estava dançando com uma mulher!" Quando, enfim, eles saem da festa, Rudolf começa a se exibir para seduzir Edi. Eles se beijam um pouco antes que Rudolf lhe revele rapidamente sua verdadeira identidade. Não quer mais fingir. A despeito dessa situação insólita, é amor à primeira vista para Edi, que declara: "Vou amá-lo até quando você tiver cem anos!"

Edi acabava de completar 18 anos e Rudolf tinha 18 anos a mais. Apesar da diferença de idade, essa relação vai durar mais de 50 anos. Até 1959 eles se encontram assiduamente sem, contudo, morar juntos. Edi ganha a tutela de seus irmãos a partir de 1955, quando fazia apenas um ano que seus pais haviam morrido. Foi preciso que estes se tornassem independentes e que Nicolas completasse 18 anos para só então se decidir a dar um passo maior e convidar Rudolf para vir morar com ele, na rua Huguenin. Têm vários planos, como construir uma casa, mas, para contrair um empréstimo, é necessário ser francês. Rudolf, ainda apátrida, pela primeira vez decide agir. Solicita a nacionalidade francesa. Concedem-lhe a cidadania em novembro de 1960.

Graças às suas economias e ao empréstimo que obteve, Rudolf compra um terreno na periferia da zona Norte de Mulhouse. Edi e ele constroem juntos uma casinha com as próprias mãos. Levam três anos para terminar e são constantemente citados por seu patrão: "Não só trabalham bem como construíram uma casa juntos. Que sirvam de exemplo!" Essa é a imagem que Rudolf e Edi têm. Em seu tempo livre, juntam-se para construir a casa e, durante a semana, trabalham nas obras do patrão. O relacionamento é bem aceito, mas, no fundo, pouco importa o olhar dos outros. Edi, forte e corpulento, está pronto para brigar com quem quer que os provoque, a ele ou Rudolf, sobre sua relação.

Mas no dia 14 de novembro de 1972, acontece uma tragédia: tinha feito muito frio na noite anterior e os telhados estavam cobertos de gelo. Naquela manhã, Edi escorregou e caiu de um telhado, ferindo-o irremediavelmente na coluna vertebral. Hemiplégico para o resto da vida, Edi será tratado com dedicação por Rudolf, que estará sempre a seu lado, ajudando-o no dia a dia, do café da manhã na cama à ajuda com sua higiene pessoal e com os deslocamentos na cadeira de rodas fora de casa.

Rudolf, que nunca havia dirigido nada além de uma moto, não achou importante tirar a carteira de motorista, contando sempre com Edi quando precisasse de carro. Apesar da paralisia de uma metade inteira do corpo, em 1974 Edi mandou adaptar seus veículos. Isso permite ao casal continuar a percorrer a Europa, de Madri a Dresden, de Paris a Viena, ou mais perto, entre Vosges e a Floresta Negra.

Eles estavam na Hungria no verão de 1989, no início da queda da cortina de ferro. De férias às margens do lago Balaton, observam o afluxo de alemães-orientais para depois atravessar para o Ocidente. A Áustria, de comum acordo com a Hungria, acabava de abrir sua fronteira. Edi e Rudolf sempre juntos. Eles, que haviam assistido à ascensão do nazismo, que sofreram com a guerra, o exílio... Eles, que indiretamente sofreram com a cisão da Europa – Rudolf, para quem as visitas à Alemanha Oriental tinham se tornado mais difíceis desde os anos 1960, e Edi, como várias pessoas nascidas no Banato, que só pudera retornar à sua terra natal como simples turista estrangeiro... E eles veem tremer o bloco oriental, esse símbolo maior da bipolarização do mundo resultante da guerra.

A história é feita de coincidências perturbadoras.

A relação com a família de Rudolf, no leste da Alemanha, tornou-se muito mais fácil. Seus sobrinhos que viviam na ex-RDA puderam então visitá-lo na França, sem as restrições sofridas pelos cidadãos, impostas pelo antigo regime. Um vídeo feito em 1998 pelo marido de sua sobrinha Bridget nos mostra um Rudolf em férias, jovial e brincalhão, cabelos tingidos de ruivo, coloração que ele mesmo aplica com uma velha escova de dente! Esse périplo em família os leva à Baviera, onde, aos 85 anos, Rudolf foi filmado no topo do Zugspitze, o ponto mais alto da Alemanha. A viagem continua em direção à Côte d'Azur, antes de retornar à Alsácia, à casinha de Rudolf e Edi em Kingersheim, perto de Mulhouse. A casa está sempre bem conservada, tudo muito bem cuidado, com plantas e cercas arrumadinhas. Apenas um fato triste: a ausência notória de Edi, que já há alguns anos suporta com dificuldade os deslocamentos muito longos. Rudolf viaja cada vez mais sozinho. É sozinho que visita Amsterdã e Hamburgo no início dos anos 1990, onde neste último aproveita para explorar a vida noturna homossexual de St. Pauli, especialmente o cabaré Pulverfass na rua Reeperbahn, relembrando um programa que costumava fazer!

No que diz respeito à sua vida de casal, Rudolf e Edi não oficializam sua relação por meio de um pacto civil. Mesmo que a possibilidade existisse a partir de 1999, eles se bastam a si mesmos. De resto, Edi fez um testamento beneficiando Rudolph caso viesse a morrer antes dele, como se pudesse antever o que lhe aconteceria. Têm também outras preocupações com a saúde de Edi, que piora ainda mais. Hospitalizado com frequência cada vez maior por causa de problemas de insuficiência respiratória, após vários meses de agonia, Edi morre no hospital de Mulhouse, na manhã de 25 de novembro de 2003. Tinha 73 anos. Rudolf, fiel até o fim, estava ao lado dele.

Hoje, quando fala de Edi, Rudolf volta o pensamento para a urna funerária colocada no túmulo de uma de suas irmãs, no cemitério central de Mulhouse. Quando seu dia chegar, é lá que ele deseja que suas cinzas descansem, ao lado das de seu grande amor. Enquanto espera, ele às vezes abre a tampa da caixa de música que Edi lhe trouxe da Áustria – um presente de quando retornava de uma viagem ao local de sua infância na Iugoslávia. A caixa toca uma melodia premonitória.

Wir wollen niemals auseinandergehn.
[Jamais nos separaremos.]

3

As lembranças hoje

SE ACREDITARMOS NA MÁXIMA DE QUE "para vivermos felizes vivamos escondidos", temos aí certamente uma das razões por que Rudolf não deu sequência à solicitação de Egmont Fassbinder, um dos fundadores do Rosa Winkel Verlag (Edições do Triangle rose, publicações direcionadas à temática homossexual), que ele encontrara em Frankfurt. Era 1979, por ocasião da manifestação social, cultural e de reinvidicações chamada "Homolulu", que se estendeu por toda a última semana de julho. Na época dessa primeira grande reunião gay do pós-guerra da Alemanha, Rudolf comprou o livro de Heinz Heger[93], outro deportado por homossexualidade. Ele encontrou algumas semelhanças com a sua experiência, mas não sentiu necessidade de contá-la. O símbolo que o faz lembrar e relacionar com essa manifestação tem um significado muito forte para Rudolf: representa a figura de um homem quebrando com seu punho esquerdo o alto de um triângulo rosa que o aprisiona. Ao mesmo tempo, Rudolf tinha também na lembrança a frase de Edi, dita quando Rudolf começou a falar pela primeira vez de suas lembranças de Buchenwald. Foi em 1965, quando viajavam pela Alemanha Oriental. O campo havia sido transformado em memorial pelas autoridades alemão-orientais, que o elegeram como local importantíssimo da luta contra o fascismo e, por extensão, o anticapitalismo. Rudolf contou a um incrédulo Edi sobre o que havia visto e sofrido na época do campo. "Que importa isso agora? Estamos juntos e é só isso que importa...", disse-lhe Edi

---

93. *Die Männer mit dem Rosa Winkel* [Os homens de triângulo rosa]. Primeiríssima biografia de um deportado por homossexualidade. Veja também a bibliografia

para consolá-lo. Sim, eles estavam felizes juntos, portanto era inútil mexer com o passado e suas dolorosas memórias...

Como Rudolf fez para continuar a viver após o inferno de Buchenwald? Muitos se fazem esse pergunta. Para Rudolf, contudo, era evidente: uma boa dose de sorte, um grande otimismo por natureza e uma capacidade de ver apenas o lado bom das coisas. Levar a vida com liberdade, apesar dos sofrimentos. E o trabalho também...

Desde que se instalou na França, ele pôde retomar seu ofício de telhador. São diversos os prédios públicos, religiosos e particulares em que ele consertou telhados, em Mulhouse ou nas proximidades. A Alsácia transformou-se em sua pátria de adoção, ainda que ele goste de lembrar que suas raízes são saxãs – ele que praticamente só fala o alemão ainda hoje.

Sempre muito elegante, Rudolf jamais sai de casa sem colocar o relógio e um anel em cada mão. Esses anéis são, na maioria, presentes de Edi, que os dava em sinal de reconciliação após uma briga ou por causa de acontecimentos mais felizes.

Rudolf guardou da infância o gosto pelo simples, que transparece em sua maneira de cozinhar, nos pratos triviais e revigorantes. Ele adora dividir a cozinha com amigos e mostra um gosto intenso por doces. O *Streusel* continua uma de suas especialidades.

Quem tem a oportunidade de encontrá-lo sempre se surpreende com sua grande vitalidade. Apesar de graves incidentes de saúde, e de cirurgias no abdome, mais tarde uma no coração de peito aberto e, em 2005, um problema cerebral que precisou de trepanação, Rudolf agarra-se à vida e mantém profundo respeito por ela.

Será que uma ocupação mais criativa ou artística teria sido melhor para ele? Certamente, mas a de telhador salvou-lhe a vida. Atualmente, sua aposentadoria alemã considera o tempo de prisão e de trabalho forçado durante sua permanência em Buchenwald. Entretanto, sua demanda de indenização como vítima não judia do nazismo, feita às autoridades alemãs em 1988, foi rejeitada. A justificativa? A homossexualidade não contava nos critérios de atribuição e Rudolf não tinha sofrido abusos físicos que acarretassem uma incapacidade de trabalho suficiente para dar-lhe direito a ajuda financeira. O fato de ter-se naturalizado francês foi igualmente invocado. Rudolf deveria se dirigir às autoridades competentes na França – o que ele não fez, por pudor e pela dificuldade de falar melhor a língua.

Isso também explica sua falta de pressa em fazer parte de uma associação de antigos deportados, mas não o impediu de ser uma das testemunhas no processo levado por Fernand para lhe obter o documento de deportado.

O que aconteceu aos outros?

Em 1946, Fernand recebeu uma proposta de emprego nas Forças Francesas de Ocupação estacionadas na Alemanha. Ele integrou um destacamento florestal no lado leste da Floresta Negra, também responsável por um campo de prisioneiros de guerra alemães. Foi lá que ele conheceu uma jovem da região e se casou com ela em 1947, antes de voltar a se fixar na França com a mulher anos mais tarde. O casal teve uma menina e permaneceu em contato com Rudolf. Fernand o ajudou a desenhar a planta da casa que ele construiu com Edi. Morreu em 1984.

Gustav, seu antigo *Kapo*, foi liberado do campo de Buchenwald em maio de 1945. Ele teve de se apresentar a uma comissão americana, que queria garantias de que ele não fora corrompido pelo regime nazista. Não foi difícil comprovar. Em 1950, recebeu também uma convocação para testemunhar em Augsburg, no segundo processo contra Ilse Koch, a infame mulher do primeiro comandante do campo de Buchenwald. Diferentemente de seu irmão, que voltara para Essen, Gustav ficou na Turíngia, onde se casou novamente. Admitido na polícia, subiu na hierarquia até o posto de comandante. Por ter continuado um comunista convicto, ele imaginava a construção de um país cuja ideologia fosse a que ele defendia. Como fez na primeira carta enviada a Rudolf após a guerra, ele gostava de relembrar seus antigos companheiros de deportação sobre a importância do engajamento deles. Concluiu com um pedido sua primeira carta a Rudolf, recém-estabelecido na França: lembrar a Fernand de que "não se esqueça por que ele lutou na Espanha: por um mundo melhor e pelo socialismo". Condecorado em 1955 com a medalha de bronze da Ordem do Mérito da Pátria, ele foi um superior firme, mas apreciado por seus comandados na polícia. Aposentou-se no final de 1961, no momento em que o governo realizou um enrijecimento político, sobretudo com a construção do muro de Berlin. Falecido em 1967, Gustav teve um filho em seu segundo casamento.

Por muito tempo ainda após a guerra Rudolf manteria uma correspondência constante com seus amigos da "época de Meuselwitz", aqueles anos felizes de 1934 a 1936. Praticamente todos foram importunados pelos nazistas. A maioria sobreviveu.

Se nenhum de seus amigos mencionados neste livro conheceu os campos de concentração, dois deles muito provavelmente morreram em decorrência da repressão: primeiro Ernest, colega que adorava se vestir de grande dama no apartamento de Meuselwitz. Ele teria cometido suicídio durante as investigações das quais ele e outros foram objeto no início de 1937, segundo a lembrança de Rudolf.

Rudolf teria a notícia da morte de Werner, seu primeiro companheiro, muitos anos depois. De acordo com a mãe de um amigo também de Limbach, Werner morreu em 1940 em uma ofensiva nas praias do Canal da Mancha. Seus antecedentes criminais por homossexualidade o teriam destinado a missões militares perigosas. Como ele esteve na aviação durante o serviço militar, pelos arquivos militares constava que Werner talvez ainda estivesse vivo em 1944, provavelmente na frente do leste. Em todo caso, o cartório de sua cidade natal confirma que ele foi considerado desaparecido durante a guerra, sem especificar onde nem quando.

Em um contexto mais feliz, Rudolf reencontrou Hans, outro de seus amigos de juventude... na Alsácia! Capturado como milhares de soldados alemães, ele ficou num campo de prisioneiros de guerra na França, a apenas cerca de 40 quilômetros de Mulhouse, em um vale do Piémont des Vosges. Após sua libertação, Hans permaneceu na Alsácia, e Rudolf teve oportunidade de lhe apresentar Edi. Eles se encontraram várias vezes, até que Hans, no começo dos anos 1960, voltou definitivamente para sua região natal, agora na Alemanha Oriental.

Enfim, Rudolf também manteve contato com Rudi, aquele que foi investigado pelo Ministério Público de Altenburg, em 1937, o que resultou, mesmo contra a sua vontade, na primeira condenação de Rudolf. Rudi morre como muitos dos amigos de juventude; Toni, seu companheiro em Karlsbad, morre em 1998.

E se Rudolf tivesse de resumir sua vida após a guerra? Após Buchenwald? Bem, a vida continua apesar da adversidade, e ele próprio é o melhor exemplo disso. Tal como seus antigos amigos. Não sem malícia, ele gosta de se lembrar de um deles, que permaneceu em Limbach: "Ele entendeu direitinho a aproximação dos povos preconizada pelos comunistas: achou um belo cubano para ele!"[94]

Passados tantos anos dos acontecimentos e do desaparecimento de diversas testemunhas, a narrativa da vida de Rudolf Brazda feita aqui não pretende ser completa. Além das suas lembranças, consultei vários documentos da época. Tudo isso foi também complementado por entrevistas com as raras testemunhas ainda vivas, ou seus parentes mais próximos, e por especialistas. Minha ambição foi manter a maior objetividade histórica possível, tanto sobre o período de Buchenwald quanto sobre o conjunto da vida de Rudolf.

Trajetória atípica e digna de um romance a de Rudolf, iniciada na Alemanha, passando pela Tchecoslováquia, depois pelo campo de concentração de Buchenwald, para enfim terminar na França. Em seu caminho, encontros com pessoas cuja vida mal se conhece, mas não menos marcantes. Para muitos, o percurso de Rudolf resultou da repressão de sua sexualidade pelos nazistas. Mas isso não o impediu de ter vida plena, com vários amigos e camaradas.

Após o horror do último conflito mundial, seria legítimo acreditar que os erros do passado serviriam de lição. A realidade do mundo desmentiu parcialmente essa esperança. No início de 2008, quando ouve falar pela televisão do projeto berlinense de erigir um monumento às vítimas homossexuais do nazismo, uma amiga insiste para que ele se faça conhecer. Rudolf pede a uma de suas sobrinhas que mora em Berlim que o mantenha informado.

---

94. Esse cubano foi a trabalho para a Alemanha Oriental, em meio aos intercâmbios incentivados no bloco soviético.

O monumento é um bloco de cimento quadrangular, parecido com aquele do Memorial às Vítimas do Holocausto, do qual ele é quase vizinho. A diferença é a abertura pela qual os transeuntes podem ver um filme projetado sem parar: dois rapazes se beijando. Para Rudolf, uma representação da tortura da *Baumhängen* talvez tivesse despertado simpatia com mais facilidade – esse filme é mais delicado e pode ferir. Será que isso explica o constante vandalismo contra o monumento? Rudolf faz essa pergunta a si mesmo. Talvez tudo não passe de uma questão de época, e ele confessa não estar muito à vontade com o modo contemporâneo de manifestar o orgulho homossexual, como nas paradas com seus blocos de gente nua... Ele considera, contudo, que os tempos mudaram e que a mentalidade das gerações atuais não está sempre em sintonia com a sua. É preciso que a juventude passe...

A sobrinha de Rudolf, que tinha sido encarregada de deixá-lo a par das instâncias berlinenses, só se manifestou na véspera do dia 27 de maio de 2008, data da inauguração do novo monumento. Mas a atitude do seu tio não deixou de causar grande sensação. Contra todas as expectativas, ele se tornou o último sobrevivente conhecido dos quase dez mil triângulos-rosa.

Sem a menor falsa modéstia, Rudolf hoje se surpreende de ser solicitado a tal ponto pela comunidade homossexual, pela mídia ou ser citado como testemunha da história. Ele não procura atenção espontaneamente, mas sente-se lisonjeado e deseja ter condições de contar o que sabe até que seu estado físico o permita.

Epílogo

RUDOLF BRAZDA, CUJO SOBRENOME tcheco significa "sulco", fez seu caminho por três países, ao sabor das vicissitudes históricas e políticas. Mais de uma vez ele foi testemunha da história – e talvez também um europeu adiante de seu tempo.

Sua trajetória incomum e seu bom humor constante são uma fonte de inspiração para quem tenha a oportunidade de conviver com ele. Saído do anonimato com atraso de quase um século de existência, ele contempla a evolução da condição do homossexual com o passar dos anos: "Eu conheci de tudo – da mais ignóbil repressão à grande emancipação de hoje..."

Quando lhe perguntamos como vê sua vida, ele declara com prazer: "Atingi uma idade avançada e vivi mais tempo do que todos os meus irmãos e irmãs, assim como mais do que meus amigos e companheiros de deportação. Passei quase 50 anos com meu querido Edi e hoje ainda consigo sempre satisfazer as minhas vontades sozinho: faço a comida, as compras, lavo a roupa e arrumo a casa. Se Deus existe, ele foi particularmente bom comigo, porque tive uma vida feliz e plena. E, se eu tivesse de refazer tudo, não mudaria nada, nem mesmo minha passagem por Buchenwald!"

Se Rudolf tem um arrependimento é o de não ter aprendido melhor a língua de seu país de adoção. O que o deixa mais triste é a solidão após a morte de Edi, mas ainda por cima ter de constatar que, apesar das atrocidades cometidas durante o regime nazista, existem sempre pessoas que não aprendem as lições da história. Ele não esconde sua inquietude ante o aumento dos movimentos neonazistas, sobretudo nos *Länder*[95] da antiga Alemanha Oriental. Entretanto, mantém a confiança na União Europeia, que ele considera uma boa garantia de democracia, pois sua natureza é promover os direitos dos homossexuais entre seus Estados.

Portanto, trata-se de uma mensagem cheia de esperança, mas também um apelo à vigilância que Rudolf Brazda, seguro dessa experiência extraordinária, deixa a seus contemporâneos.

Ainda que comparativamente pequena, a deportação por homossexualidade foi objeto de uma classificação específica, simbolizada pelo triângulo rosa. As estimativas mais recentes apontam para um total de dez mil deportados, dos quais somente cerca de 40% sobreviveram. Esse motivo de deportação está indubitavelmente comprovado, e a história de Rudolf Brazda nos dá uma faceta.

Seu testemunho se soma aos de outros, hoje falecidos, que tiveram a coragem de contar suas experiências. O reconhecimento dessa deportação não deve, contudo, ser percebido como uma exigência de mais direitos para uma minoria gay e lésbica que não mais tem medo de se assumir. Na verdade, trata-se de uma questão de igualdade de tratamento, a fim de reparar um esquecimento bastante antigo da história oficial. Essa questão contraria os que ainda hoje querem refutar sua validade, mais por preconceito que por outra coisa.

Também o dever da memória continua sendo uma batalha do cotidiano, e Rudolf espera ter contribuído para a construção desse edifício ao contar aqui a sua história, respeitando o que estava disposto a revelar em um escrito.

Longe de ser saudosista, seu testemunho é um chamado.

Sua mensagem às gerações que tiveram a sorte de não conhecer a guerra: não esquecer aqueles que os precederam e sofreram repressão.

---

95. Divisões territoriais e administrativas da Alemanha correspondentes aos estados brasileiros. [N. E.]

Aos homossexuais em geral, ele lembra que, se para boa parte do mundo ocidental as leis não mais impõem um modelo de vida que contrarie sua natureza profunda, as conquistas recentes e a maior tolerância estão longe de ser definitivas e usufruídas universalmente. Assim, deve-se continuar alerta, lutar e avançar.

Posfácio

"RUDOLF BRAZDA, EM NOME do presidente da República, nós o nomeamos Cavaleiro da Legião de Honra."

Foi com essas palavras consagradas que Marie-José Chombart de Lauwe, Grande Oficial da Legião de Honra, presidente da Fundação para a Memória da Deportação – ela própria deportada, pelo Decreto *Nacht und Nebel*, para o campo de concentração de Ravensbrück –, entregou a insígnia a Rudolf no dia 28 de abril 2011, em uma escola fundamental de Puteaux, diante de uma plateia de estudantes e professores, representantes de associações, autoridades públicas e personalidades, entre elas Raymond Aubrac, grande figura da Resistência.

Jean-Luc Roméro, vereador regional da Île-de-France e líder comunitário, assim como Florent Massot, meu editor, estiveram na origem desse pedido de condecoração, iniciado no outono de 2010. Quando o inverno chegou, perguntei a Jérôme Gaston, que redigira para o meu editor várias cartas nesse sentido, qual era o progresso do pedido: era preciso esperar. No mês de fevereiro de 2011, a visita inesperada à casa de Rudolf de um funcionário das Informações Gerais relacionado a esse pedido apontou para uma resposta favorável, sem nenhuma certeza, no entanto, quanto à data da atribuição. Uma ligação de Puteaux recolocou a máquina em movimento. Na realidade, a prefeitura desejava entregar a Medalha de Ouro a Rudolf, como já o tinham feito antes dela as cidades de Toulouse e Nancy. Mas a próxima cerimônia da Legião de Honra, a de Páscoa, cairia no dia 24 de abril de 2011, data duplamente simbólica: na

França, celebrava-se o domingo da Memória da Deportação; para Rudolf, marcava o aniversário de sua saída do campo de Buchenwald.

Foi o suficiente para que Nordine Chouf, então chefe de relações públicas da cidade de Puteaux, fizesse todos os esforços para acelerar as coisas. O pedido de condecoração aconteceu no último minuto e o nome de Rudolf acabou inscrito na cota do Primeiro-Ministro, entre o de outras pessoas, conhecidas ou não, que participavam das celebrações de Páscoa. Tendo a cerimônia da entrega da Medalha de Ouro da Cidade de Puteaux sido habilmente programada para o dia 28 de abril, foi possível entregar a ele essa honraria e, ao mesmo tempo, inseri-lo oficialmente na Ordem Nacional da Legião de Honra.

O dia foi longo e sua organização prática bastante entediante, ainda mais porque dez dias antes Rudolf tinha fraturado um osso da bacia depois de cair em casa. Embora a fratura fosse benigna e a dor leve, ele só podia se movimentar com cadeira de rodas. Então foi preciso providenciar o deslocamento em ambulância do hospital à estação de Mulhouse, e depois da de Paris Leste a Puteaux, fazendo-se o trajeto inverso na volta. Para Rudolf, essa expedição rompia com a monotonia do hospital, e não foi sem certa curiosidade que ele encarou o que seria seu último longo deslocamento fora da Alsácia, depois de Genebra e Dijon.

Para muitos de nós que tínhamos apoiado de várias formas o pedido de condecoração, a entrega da distinção por uma antiga resistente deportada, presidente de uma instituição que muito fez pelo reconhecimento da deportação por motivo de homossexualidade na França, era emocionante. Mesmo com ar um pouco ausente no início da cerimônia, Rudolf enxugou uma lagrimazinha ao receber sua insígnia de cavaleiro e depois respondeu, com prazer, às perguntas dos alunos.

Mas o que aquela distinção estava recompensando? Se a questão é pertinente, as reações do grande público, principalmente nos vários sites que divulgaram a informação, foram contrárias e quase sempre tomadas de grande desconhecimento, para não dizer grande ignorância. Entre os que fingiam continuar a não entender que a Legião de Honra também distingue eminentes méritos civis – e não unicamente militares – e os que se vangloriavam de conhecer pessoas muito mais merecedoras que nunca tinham sido honradas, podia-se pensar que quase a metade da população francesa recebia a notícia de forma hostil... e faço silêncio sobre todos os comentários odiosos que li e chocaram até os funcionários de meu editor brasileiro, que acompanhavam na internet as notícias vindas da França! Se relativizo a importância dos comentários que esquentaram em reação a uma resposta ou a um artigo, estes demonstram muito bem que existe ainda e sempre uma necessidade de explicação no que diz respeito à deportação por homossexualidade em geral e na de Rudolf em particular.

A França, embora tenha demorado a reconhecer a deportação dos homossexuais, tornou-se o único país a distinguir daquela forma um ex--triângulo-rosa. Se a distinção não excluía a dimensão simbólica, ia além do simples fato de que Rudolf fosse homossexual, contrariamente ao atalho simplista que se apressaram a tomar todos esses comentadores impertinentes, que diziam: "Agora basta ser para obter a Legião de Honra". Portanto, aproveito a ocasião para destacar certos elementos que pesaram na atribuição dessa condecoração.

Em primeiro lugar, Rudolf se expressou em público sobre o que sofreu como perseguido pelo regime nazista, e era principalmente seu papel de testemunha, por mais tardio que tenha sido, que o honrava. Depois que saiu do anonimato, Rudolf foi muito solicitado, principalmente na Alsácia, assim como nas regiões limítrofes da Alemanha e da Suíça. Como ele me consultava sobre os pedidos que recebia, eu acabava intermediando os contatos. Quando chegava o momento, nós efetuávamos o deslocamento juntos.

Assim, seu testemunho pôde ser ouvido por estudantes de Saint--Louis e por universitários e futuros professores primários em Freiburg, na Alemanha, mas também por um vasto público LGBT, quando Rudolf participava de conferências-discussões, de festivais de cinema ou de diversas manifestações para as quais tinha sido convidado. Assim, durante os dois últimos anos de sua vida, a contar de 2009, e apesar de sua idade avançada, Rudolf fez cerca de 15 viagens para organizações ou coletividades que pediam seu testemunho, situadas em Mulhouse, Zurique,

Fribourg-en-Brisgau, Lörrach, Paris, Toulouse, Delémont, Lucerne, Nancy, Estrasburgo, Dijon, Genebra e Belfort. A isso se acrescentam as entregas de medalhas de ouro das cidades de Toulouse, Nancy e Puteaux, todas ocasiões em que Rudolf testemunhou publicamente sobre sua trajetória.

Ele também tomou parte em manifestações e homenagens dos quais o ano de 2010 foi rico. Sua presença vinha reforçar a emoção do momento: houve primeiramente em Mulhouse a inauguração de uma placa lembrando Pierre Seel e outros anônimos, presos e deportados por ser homossexuais. Em 25 de julho, acompanhei Rudolf, que era convidado de honra, à cerimônia anual em memória dos triângulos-rosa de Buchenwald. Seria a última vez que ele retornaria a esses locais tão marcantes para ele. Dois meses depois, Rudolf assistiu ao descerramento da placa que rendia homenagem aos homossexuais deportados para o campo de concentração de Natzweiler-Struthof, na Alsácia. Embora tenham chegado ali em maio de 1941, estando entre os primeiros detentos que construíram o campo, os deportados por homossexualidade eram quase os últimos a ser honrados oficialmente no local de memória que no presente substituía o de sofrimento. Rudolf, último representante dessa categoria, já tivera a oportunidade de visitar o lugar, muitos anos antes, como simples visitante. A visita feita em ocasião da homenagem seria a última.

Sem falar das inúmeras entrevistas concedidas por Rudolf para jornais, rádio, televisão ou documentários. Muitos desses convites surgiram em virtude da publicação da primeira edição deste livro e de sua tradução para o português e o espanhol. Salvo alguns acréscimos e correções para esta nova edição, esta história foi escrita principalmente durante a segunda metade de 2009, época em que a memória de Rudolf ainda lhe permitia lembrar muito bem das coisas e em que ele me fornecia informações suplementares quando eu tinha perguntas a lhe fazer. Esta é a única obra cujo conteúdo foi aprovado por ele – e continuará sendo, portanto, sua única biografia expressamente autorizada.

Se os detalhes podem parecer supérfluos, vejo-me um pouco forçado a isso. Na realidade, não tenho a intenção de denegrir os méritos da outra biografia de Rudolf, produzida um ano depois da minha pelo autor alemão Alexander Zinn. Em razão das responsabilidades que ele exercia na comunidade LGBT de Berlim, a sobrinha de Rudolf – que, alguns meses antes da inauguração do memorial berlinense para as vítimas homossexuais do nazismo, desejava revelar a história do tio –, foi orientada a procurá-lo. Desde então, Zinn não cessou de considerar Rudolf sua "descoberta" e faz absoluta questão de garantir sua primazia. Na véspera do Natal de 2008, Rudolf, convidado por esse senhor para ir a Berlim, oficialmente para não passar as festas sozinho, assinou muito ingenuamente um contrato de exclusividade em favor de Zinn. Ele me disse depois que não tinha compreendido os termos legais, ainda menos o âmbito de aplicação do que tinham acabado de lhe pedir para assinar diante do tabelião!

O que não se sabia ainda em Berlim é que, em setembro de 2008, Rudolf me autorizara, por escrito e diante de testemunhas, a realizar pesquisas sobre sua vida e até mesmo escrever um livro – ainda que na época eu não pensasse em elaborar sua biografia. Mesmo estando extremamente lúcido aos 95 anos, não sabíamos por quanto tempo ele estaria entre nós para falar de sua vida. Parecia-me, portanto, primordial evitar a qualquer custo a perda brusca dessa memória. Comecei então a recolher seu testemunho verbal, tomando o cuidado de gravar nossas conversas. No entanto, não reivindiquei exclusividade. Aliás, pedi a uma pequena estação de TV local que filmasse Rudolf em sua casa, a fim de tornar público pelo menos um testemunho audiovisual.

Ao mesmo tempo, organizei os documentos administrativos de Rudolf, que visivelmente tinha dificuldade de manter o controle dos negócios. Em uma pilha de papéis que levei para casa para classificar com tranquilidade, encontrei seu documento provisório de identidade, emitido em 1945, quando saiu do campo de Buchenwald. Não me dei conta disso em um primeiro momento, e esse documento ficou algum tempo na minha casa. Mais tarde, Zinn reprovou esse fato em seu livro. Aliás, ele se serviu de textos e ilustrações convenientemente retirados do meu, pois pela sua lógica era o único autorizado a fazer pesquisas e falar com Rudolf, a partir dali forçado a silenciar diante de terceiros – pelo menos de acordo com os termos desse acordo assinado em circunstâncias duvidosas.

Não preciso nem dizer que eu não podia aceitar aquela situação. Afinal, eu era membro de uma associação civil homossexual que lutava pela memória, convivia com Rudolf com frequência cada vez maior e nunca esperaria boa vontade de alguém que quisesse se apossar de um testemunho de importância universal. Sem querer ofender Zinn, sou a pessoa que melhor conheceu Rudolf nos seus últimos anos. Então, se ele certamente tem raiva de mim, talvez eu deva indiretamente agradecê-lo. Se ele não tivesse agido dessa maneira, não me teria incitado a me lançar no trabalho, mesmo que o impulso definitivo tenha vindo do acaso dos encontros. Na mesma época, conheci uma pessoa cujo pai tinha sido deportado para Buchenwald. Foi ele quem eliminou minhas últimas reticências. Ele se reconhecerá.

E o que pensa definitivamente Rudolf da obra de Zinn, redigida em alemão, cujo autor lhe entregou tão generosamente cinco exemplares, única contrapartida material à qual ele tem direito? Ironicamente, Rudolf nunca teve a curiosidade de examinar o livro, mesmo que transversalmente. Estaria cansado de tudo aquilo? Ou seria o desgosto causado pela fratura da bacia que o mantinha no hospital desde 19 de abril de 2011? Eu lhe fiz essas perguntas pouco depois que Zinn lhe entregou os livros. A resposta foi mordaz: "*Keine Interesse!*", "Isso não me interessa!"

* * *

Na época em que conheci Rudolf, ele ainda era bastante lépido para um nonagenário, tanto física quanto mentalmente, e muito autônomo. Indo para a cidade todas as tardes, caminhava até a parada de ônibus perto de sua casa e depois pegava o elétrico que o levaria a Mulhouse. Fazia umas comprinhas e parava em uma de suas *pâtisseries* preferidas antes de retomar o caminho de casa, para a qual retornaria às 19 horas... Rudolf também não dependia dos outros para gerir o dia a dia ou simplesmente para ir fazer compras na Alemanha, ou ainda para almoçar no seu restaurante predileto, que ficava na estação termal de Bad Bellingen, na Alemanha, fronteira com a França.

A partir de julho de 2008, nossa relação rapidamente ultrapassou o quadro pesquisador-tema de estudo. A frequência de minhas visitas aumentou e instalou-se uma relação de confiança. Se estando ao lado dele eu conhecia uma página viva de nossa história contemporânea, sua bondade característica me era uma companhia particularmente agradável e alegre.

Rudolf apreciava as viagens, sempre se espantando com a atenção que recebia quando das manifestações a que comparecíamos. Era também uma ocasião em que ele saía da rotina e voltava sentindo-se melhor.

Foi somente em 2010 que Rudolf começou a ter sérios problemas de mobilidade. Mas não ficou menos lúcido, e minhas visitas se tornaram cada vez mais frequentes. Eu passava na casa dele pelo menos a cada dois dias, e até diariamente, quando ele passou a ter dificuldades de orientação. A partir do outono ele também aceitou a assistência de uma faxineira. Por sorte, ela era germanófona e eles se entenderam bem! Rudolf não tinha boas lembranças dos cuidadores que permaneceram com ele depois de uma difícil intervenção cirúrgica no cérebro. Uma vez recuperado, decidiu dispensá-los. Ele já tinha então 93 anos! Quatro anos mais tarde, as coisas mudaram bastante e Rudolf tirou as conclusões necessárias: aceitou de bom grado essa ajuda externa. Como poderia ser diferente? Seu cuidador realmente era muito atencioso com ele.

Enquanto se constituiu uma pequena equipe em volta de Rudolf, alguns amigos me ajudavam nas tarefas cotidianas, um na conservação do jardim e das sebes, outros na manutenção da casa, outros ainda dando uma mãozinha quando ele precisava de provisões. Afirmo aqui sem falsa modéstia que nós permitimos a Rudolf continuar a viver em seu domicílio tanto tempo quanto possível. E isso até que ele mesmo pedisse para ir a uma casa de repouso, na primavera de 2011. Nem seu cuidador nem seu médico ou as enfermeiras que o visitavam duas vezes por dia me contradirão nesse ponto.

No entanto, uma queda sofrida pouco depois, em meados de abril, precipitou as coisas: uma fratura benigna do osso ilíaco esquerdo obrigou Rudolf a se hospitalizar. Embora eu já tivesse iniciado o processo para colocá-lo em uma casa de repouso, talvez a espera fosse longa. Finalmente, uma vaga apareceu e, em 1º de junho, Rudolf foi admitido em um estabelecimento hospitalar para idosos, na cidadezinha de Bantzenheim, a leste de Mulhouse, quase na fronteira alemã. Lá ele dispunha de um quarto espaçoso e de um acompanhamento permanente por enfermeiros. Infelizmente, depois de sua queda, Rudolf perdeu o movimento das pernas e só podia se deslocar em cadeira de rodas.

Na tarde de seus 98 anos, éramos quatro em volta dele no seu quarto para degustar o bolo floresta negra e o café com leite sem o qual era impossível para Rudolf apreciar a iguaria. Com um aceno de cabeça deste, e com o acordo dos enfermeiros, partimos para Bad Bellingen, a apenas 12 quilômetros de distância, do outro lado do Reno. Rudolf queria jantar em seu restaurante preferido, e desejava aproveitar a oportunidade. Era ainda a estação dos aspargos, que ele apreciava muito, e é verdade que naquela noite ele estava com o olho maior que a barriga. Dava gosto ver seu apetite naquele fim de dia estranhamente quente para a estação. Nós todos já o imaginávamos centenário, mas no final das contas ele aguentaria somente mais dois anos, como se se divertisse a partir de então em fazer a contagem regressiva...

Rudolf nos deixou em 3 de agosto de 2011. Uma cuidadora o encontrou às 7h30 daquela manhã, dormindo para sempre, com semblante sereno. Os enfermeiros noturnos não notaram nada de particular.

Mesmo tendo 98 anos, nem seus cuidadores nem eu, que estivemos com ele nos dois dias anteriores, podíamos imaginar que ele teria uma morte tão repentina. A notícia caiu como uma bomba. Realista, quando entrou naquela casa de repouso, Rudolf declarou: "Vim aqui para morrer, e com tranquilidade, por favor!" Rudolf queria que as coisas ocorressem conforme sua vontade. Na noite anterior, quando se preparava pra deitar, Rudolf, exausto, teria dito aos seus cuidadores que estava acabado e que queria que tudo terminasse por ali mesmo. Sua determinação característica foi, portanto, quem falou ainda uma última vez...

Na câmara funerária, Rudolf foi vestido com uma camisa rosa – cor que ele adorava, independentemente do que as pessoas pudessem pensar – e o terno preto que usara na entrega da Legião de Honra. Nos pés, sapatos de dança com detalhes sofisticados de couro. Foi assim que Rudolf apareceu pela última vez para seus amigos e para Petra, a sobrinha de quem era mais próximo. Ela veio de trem de Saxe, perto de Brossen, a cidadezinha natal de Rudolf. Seus outros pretensos amigos da Alemanha, geralmente tão prontos a viajar quando precisassem dele, tinham certamente coisa melhor a fazer no verão do que assistir às suas exéquias. A ausência notória deles demonstrou nada mais do que suas verdadeiras intenções que até então prevaleceram.

O adeus acontece no centro de memórias do velório de Mulhouse, onde quase oito anos antes Rudolf, em um gesto voluntariamente melodramático, em suas próprias palavras, deixou partir o caixão de seu companheiro morto: ele pousou a testa contra a madeira do caixão antes de gritar uma última vez o nome de Edi.

O que há de mais perturbador é a coincidência da data, e ela só me apareceu no dia da cerimônia das pompas fúnebres: estávamos em 8 de agosto... A última homenagem ao último triângulo-rosa aconteceu exatamente no mesmo dia em que, 69 anos antes, Rudolf chegava ao campo de concentração de Buchenwald! Mais uma vez essas singulares piscadelas da História...

A cerimônia foi simples e digna. Se Rudolf não era praticante, tinha uma fé simples e respeitosa, como muitos de sua geração. Quantas vezes ele tinha declarado que Deus, se existia, tinha sido particularmente bom para com ele? Que devia tê-lo olhado benevolamente, permitindo que vivesse tanto tempo – ele que assegurava não sem orgulho nunca blasfemar. *"Der Herrgott hat mir das Homoleben geschenkt"*, "O Senhor me deu o dom desta vida homossexual", declarou um dia. Suas palavras resumiam bem sua filosofia. O padre que celebrou a cerimônia lembrou-as em sua mensagem de acolhida, assim como a longa devoção de Rudolf a Edi, o companheiro de quem ele cuidou por mais de 30 anos. O Padre Basler em seguida comentou as beatitudes, extraídas do evangelho de São Mateus. Concluiu que a última delas, a que fala de perseguições, não nos convida a considerar todas as violências inevitáveis, mas é um encorajamento para os que as sofreram. Ela anuncia um mundo no qual não haverá hostilidade, humilhações ou violência. Não é o outro mundo, mas um mundo outro o que se esboça quando cada um inscreve uma dessas beatitudes em seu cotidiano.

A assistência se despediu sob as notas de *Wir wollen niemals auseinandergehn*, canção de Heidi Brühl cuja letra afirma o desejo que temos de jamais nos deixarmos. Ela é transmitida pelo sistema de som em homenagem a Rudolf e Edi, enquanto os porta-bandeiras das associações patrióticas de Mulhouse e da associação civil homossexual Os "Esquecido-a-s" da Memória formam um corredor com as bandeiras para a saída do caixão.

Conforme as disposições testamentárias, o corpo de Rudolf foi cremado e suas cinzas colocadas na tumba da família de Edi, em Mulhouse, onde já repousava a urna daquele que foi o grande amor de sua vida. O nome Brazda aparece doravante na lápide, ao lado dos sobrenomes Mayer e Erhard.

* * *

Já vai fazer três meses que Rudolf não está mais entre nós. Em 28 de setembro último, prestou-se a ele uma homenagem nacional, sob o patrocínio da Secretaria de Estado da Defesa e dos Veteranos, na igreja Saint-Roch, em Paris. Essa é a paróquia dos artistas, mas também a igreja que abriga uma capela para as vítimas da deportação. Rudolf certamente teria sorrido para essa dupla combinação, como ele o faz na fotografia ampliada, posicionada no coral para torná-lo ainda mais presente na cerimônia.

E a mim, o que resta hoje desses três anos passados com ele? Certamente a lembrança de seu amor pela vida, seu respeito pela vida do outro e dos animais, sua capacidade de maravilhamento sempre intacta... Mas principalmente sua vontade feroz de viver feliz, até em suas últimas semanas. Sua maior lição é de que a vida pode ser bela e vale a pena ser vivida, com um pouco de sorte e sobretudo com as oportunidades que se criam.

Perguntavam-lhe frequentemente qual era sua mensagem para os jovens. A resposta lhe parecia evidente: era preciso fazer que o grande público compreendesse que as violências de outrora podem ressurgir hoje e continuam condenáveis. Era isso o que motivava Rudolf quando ele se expressava assim: "Se eu falo agora, é para que as pessoas saibam o que nós, homossexuais, tivemos de suportar na época de Hitler... a fim de que isso não se reproduza".

Para terminar a redação deste posfácio, instalei-me na velha poltrona Voltaire meio gasta, na antiga casa de Rudolf, que fica à rua de Provence, em Kingersheim, na periferia de Mulhouse. Fiz um acordo com o futuro proprietário do lugar para conservar ali alguns objetos ou móveis emblemáticos, tais como os de seu quarto de dormir, pintados de verde-limão, assim como os do apartamento de Meuselwitz na época em que vivia com Werner, seu primeiro companheiro. Os outros objetos, que podem ainda servir às associações de caridade que ajudam os mais desamparados, foram retirados aos poucos. Saíram os eletrodomésticos e o mobiliário, entre os quais o sofá dos inúmeros *Kaffee-Kuchen*, nossos cafés regados a guloseimas. Ele do meu lado esquerdo, a fim de poder me ouvir com seu ouvido menos surdo, o café e as iguarias arrumadas em uma mesa baixa que devia imperativamente ser coberta com uma toalha, para que tudo fosse como deve ser!

O mesmo acontece com o impressionante guarda-roupa, adquirido havia anos e sempre aumentado por "bons negócios" feitos aqui e ali, quando Rudolf ainda se deslocava com facilidade. Mas isso não o impedia de precisar de muitíssimo tempo para escolher as roupas que usaria em cada uma de suas saídas!

Encontrei ainda um ou outro documento de época, principalmente velhas fotos. Uma vez identificadas, quando isso é possível, eu as acrescento aos diversos documentos e objetos emblemáticos que ele me deixou. Tais objetos poderão, eventualmente, servir a outros pesquisadores, a curadores de exposição ou a qualquer pessoa que deseje contribuir para o conhecimento sobre a deportação homossexual, componente do fenômeno concentracionário – e isso sem querer hierarquizar as formas de sofrimento ou entrar em qualquer tipo de competição.

Perdemos com Rudolf a última testemunha da deportação por homossexualidade, mas resta a lembrança. Ela nos transmite sua chama que brilha através de nós que o conhecemos, nós que nos comprometemos a fazer perdurar a memória da deportação além do simples exercício de recordar.

De forma mais ampla, a tocha passa agora a todos aqueles e aquelas que, num espírito de vigilância, são contra a discriminação e os extremismos de todos os matizes. A história de Rudolf nos ilumina e nos encoraja a não deixar acontecer. Porque somos conscientes de que os mecanismos e a retórica dos quais os campos de concentração foram o auge perduram ainda hoje, embora a História recue.

Jean-Luc Schwab
Kingersheim, 31 de outubro de 2011

Bibliografia resumida

Entre as obras que serviram de comprovação histórica para os fatos narrados aqui, é importante citar as seguintes publicações:

- Sobre o parágrafo 175, as perseguições nazistas à homossexualidade e também certos aspectos da vida dos homossexuais nos campos de concentração.

BERTRAND, Mickaël (obra coletiva sob a direção de). *La déportation pour motif d'homosexualité en France – débats d'histoire et enjeux de mémoire.* Mémoire Active, 2010.

GRAU, Günter. *Homosexualität in der NS-Zeit.* Frankfurt: Fischer Taschenbuch, 2004.

RÖLL, Wolfgang. *Homosexuelle Häftlinge im Konzentrationslager Buchenwald 1937-1945.* Weimar-Buchenwald: Stiftung Gedenkstätten Buchenwald und Mittelbau-Dora, 1991.

- Sobre o campo de concentração de Buchenwald:

BENZ, Wolfgang; DISTEL, Barbara. *Der Ort des Terrors,* v. 3 – Sachsenhausen-Buchenwald. Munique: C. H. Beck, 2006.

STEIN, Harry. *Konzentrationslager Buchenwald 1937-1945: Begleitband zur ständigen historischen Ausstellung.* Göttingen: Wallstein, 1999.

Resumo em francês na forma de fascículo disponível no memorial de Buchenwald: *Le camp de concentration de Buchenwald de 1937 à 1945. Le guide de l'exposition historique (1995).*

- Outros testemunhos de deportados para campos de concentração:

SEMPRUN, Jorge. *L'écriture ou la vie.* Paris: Gallimard, 1994.

HEGER, Heinz. *Les hommes au triangle rose – Journal d'un déporté homosexuel 1939-1945.* Paris: Persona, 1981.

Glossário de termos alemães

Altreich – Velho Império ou Velho Reich: a Alemanha em suas fronteiras de 1937.
Arbeitszulage – meia ração suplementar diária para certos presos.
Arschficker – "fornicador de bunda", insulto aplicado aos homossexuais.
Aufseherin – supervisora da SS dos *Kommandos* e dos campos de concentração em que havia mulheres.
Aussenlager – campo satélite.
Bauhof Kommando – Grupo de construção e manutenção
Baumhängen – suspensão em uma árvore. Suplício punitivo muito praticado no campo de concentração de Buchenwald.
Berufsverbrecher – denominação usual de um criminoso comum com mais de uma condenação. [Literalmente, "criminoso profissional".]
Block – Barracão.
Blockältester – o mais velho do barracão.
Blockführer – oficial da SS a quem o *Blockältester* presta contas.
Bunker – prisão disciplinar de um campo de concentração.
Deutsches Reich – Reich alemão. Pode também designar a nacionalidade dos cidadãos da Alemanha e dos territórios anexados entre 1938 e 1940.
Genickschussanlage – sistema de tiro na nuca.
Gestapo – abreviação de *Geheime Staatspolizei* (polícia secreta do Estado).
Kapo – detento responsável por um *Kommando* ou investido de determinada autoridade na vida do campo.
KL – sigla administrativa de *Konzentrationslager* (campo de concentração).
KLB – Konzentrationslager Buchenwald.
Kommando – grupo de trabalho em um campo de concentração ou seus anexos.

Kommandoführer – oficial da SS ao qual um ou vários *Kapos* dos *Kommandos* prestam contas.

Kripo – abreviação de *Kriminalpolizei* (polícia criminal).

Lager – campo (termo genérico).

Lagerältester – pessoa mais velha do campo.

Lagergeld – moeda interna do campo de concentração.

Nacht und Nebel – literalmente "noite e névoa", designa os detidos e deportados em segredo.

NSDAP – *Nationalsozialistische Deutsche Arbeiterpartei*. O Partido Nazista de Adolf Hitler.

Postenkette – cinturão de vigilância e caminho de ronda a cargo de guardas armados da SS.

Rassenschander – literalmente, "poluidor da raça", termo aplicado aos judeus ou "não arianos" que desrespeitavam as leis raciais nazistas.

Reich – veja *Deutsches Reich*.

Revier – enfermaria militar de campo de concentração.

SA – sigla de *Sturmabteilung* (seção de assalto), antigo órgão de manutenção da ordem do Partido Nazista.

Schutzhaft – detenção de segurança.

Schutzhaftlager – campo de detenção de segurança; em Buchenwald designa a parte carcerária do campo.

Schutzhaftling – detento de segurança.

SS – sigla de *Schutzstaffel*, inicialmente a guarda próxima de Hitler e depois uma organização autônoma no seio do Estado nazista.

Stammlager – campo-tronco ou campo principal.

Südetengau – designação administrativa da província dos Sudetos após sua anexação ao Reich, em 1938.

Volksdeutsche(r) – de etnia alemã.

Vorbeugehaft – detenção preventiva aplicada aos reincidentes.

Waffen-SS – o braço armado da SS. Designa também um membro dessa força.

Wehrmacht – Exército alemão regular.

WVHA – sigla de *Wirtschafts- und Verwaltungshauptamt* (Departamento de Administração e Economia), da SS.

Rudolf (à esquerda) e Fernand em Buchenwald, abril de 1945, alguns dias após a libertação do campo. A foto foi tirada por um ex-prisioneiro, provavelmente Albert Stüber.

Rudolf Brazda confere atentamente a edição brasileira de suas memórias. A foto foi tirada por seu biógrafo, Jean-Luc Schwab, poucos meses antes do falecimento de Rudolf.